MENTOR

No matter how hard the past,
you can always begin again.

과거가 얼마나 힘들었든 간에 너는 항상 다시 시작할 수 있다.
- 석가모니 -

이 책이 당신 인생의 멘토가 되어서 당신이 원하는 인생을 성취하시길 바랍니다. 이것이 저의 멘토가 솔선하신 가르침이고, 제가 이 책을 만들면서 간절히 소망한 바램입니다.

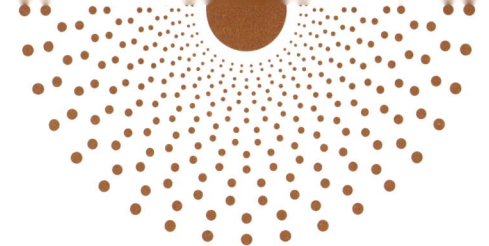

MENTOR

멘토

김묘엽

Contents

Chapter 1.
프롤로그

칠흑 같은 어둠	11
한 줄기 빛이 보였다	15
자기계발을 알게 되다	18
자기계발을 믿지 못하는 것은 당연하다	22
자기계발을 다시 정립하다	25
비밀을 드러내다	30

Chapter 2.
질문이 정답보다 중요하다

성공의 5가지 요소	39
암기 위주형 자기계발은 그만해야 한다	44
질문을 하면 새로운 인생이 열린다	48
고급스러운 질문을 해라	54

Chapter 3.
침묵을 통해 자기의 마음을 관찰하라

우리의 인생을 결정하는 것은 무엇인가?	63
도대체 감정이라는 것이 뭐지?	69
감정은 왜 생겼지?	72
사용하는 단어와 감정의 관계는?	75
감정이 있는 정신세계는 어떻게 구성되어 있지?	83
무의식 속 감정이 어떻게 우리의 인생을 결정짓는가?	89
우리의 감정은 어떻게 생기는 것일까?	99

무의식 속 감정은 왜 부정적일까?	106
어떻게 부모님과 닮은 사람을 좋아하게 될까?	114
제가 좋아하는 사람은 부모님과 다른데요?	117
이상형과 결혼하기 힘든 이유는?	122
이상형과 결혼할 수는 없는 것일까?	129
싫어하는 사람과 왜 결혼하게 되는 것일까?	141
돈에 대한 부정적 감정도 바꿀 수 있을까?	146
나의 인생은 부모 탓이다?	159

Chapter 4.
하고자 하는 일에 대한 목표를 설정하라

목표를 꼭 가져야 하는 것인가?	167
목표란 무엇인가?	173
욕심이 목표가 되는 방법은?	176
목표를 찾는 방법은?	184
침묵을 해야 할까? 말을 해야 할까?	191
네가 좋아하는 일이 뭐야?	197
좋아하는 일을 찾는 방법은?	203
좋아하는 일을 하면 어때?	212
재능의 역할은 무엇인가?	217
재능을 찾기 위한 방법은?	224
목표를 달성할 수 있는 적합한 방법인가?	234

Contents

**Chapter 5.
목표로 했던 것을
행동으로
실행하라**

행동이란 무엇인가?	245
행동으로 습관을 바꿀 수 있는가?	248
끌어당김 외에도 행동이 필요한 이유?	252
행동에 주저함이 있는 이유?	256
행동을 주저하는 요소를 어떻게 극복할까?	263
어떻게 행동을 해야 하지?	273
행동에 대한 일반화된 매뉴얼?	275
나의 행동의 결과가 일어나지 않는 이유는?	284
행동은 혼자 하는 것인가?	289

**Chapter 6.
습관을 길러
생활의
일부가 되자**

왜 습관이 중요한가?	295
어떻게 하면 좋은 습관을 만들 수 있을까?	300
성공한 사람들의 습관을 어떻게 알아내지?	303
사랑으로 습관이 바뀐다?	306
성공한 사람들의 습관과 루틴은 무엇인가?	310
성공한 사람들은 일에 미친 사람인가?	313
자신만의 시간을 언제 가지는가?	317
첫 번째 : 목표를 세운다	320
두 번째 : 운동을 한다	330
세 번째 : 찬물로 샤워를 한다	334

	네 번째 : 명상을 한다	338
	네 번째 - 1 : 명상 훈련 방식	344
	다섯 번째 : 휴식을 취한다	350
	여섯 번째 : 메모를 한다	354
	일곱 번째 : 독서를 한다	358
	습관이 만들어질 수 있는 기간은?	363
Chapter 7. **창의적인** **직관이 도출된다**	직관은 무엇인가?	369
	통찰은 무엇인가?	372
	사업에 성공한 사람이 망하는 이유는?	376
	직관과 통찰을 구별하는 방법은?	383
	직관은 항상 옳은 것인가?	388

Chapter 1.
프롤로그

Prologue

Artic Ocean

Ocean

N

W   E

S

h Atlantic Ocean

1

칠흑 같은 어둠

인생의 목표로 삼았던 사법시험현재는 변호사 시험으로 대처되었다에 떨어졌다. 금방이라도 다리에 힘이 풀려서 주저앉을 것만 같았다. 지금 주저앉는다면 머리를 쥐어뜯으며 펑펑 울 것만 같았기에 이를 악물고 버티면서 아무 일도 없는 것처럼 가던 길을 계속 갔다. 나의 슬픔과 근심을 누구에게도 보이고 싶지 않았다. 하지만 나도 모르게 눈물이 글썽거렸다.

32살이 된 나는 그 해를 마지막 도전으로 정했었다.

이번 발표를 끝으로 더 이상 공부를 하지 않기로 나 자신과 굳게 약속을 했었다. 시험에 떨어졌다는 소식과 함께 내 마음

속에 꿈꿔왔던 찬란한 미래는 없어졌다. 동시에 칠흑 같은 어둠이 나를 감쌌다. 한 치 앞도 보이지 않았다. 그 어떤 위로도 마음에 닿지 않았다. 나의 인생이 초라함을 뛰어넘어 완전히 끝났다는 절망감을 느꼈다.

가족들을 볼 면목이 없어 도망치듯 집을 나와 영등포에 있는 친구 집으로 들어갔다. 친구 집에서 공황 상태로 멍하게 몇 날 며칠을 보냈다. 겨우 정신을 차리고 보니 앞으로 어떻게 살아야 할지 막막하기만 했다. 취업하기에는 나이가 많았고 쌓아둔 스펙이 없어도 너무 없었다. 그렇다고 사업을 하자니 가진 돈도 아이디어도 없었다. 다른 선택지가 보이지 않다 보니 다시 공부를 해야 할 것만 같았다. 하지만, 책은 쳐다보기조차도 싫었다. 무엇보다도 나 자신과 한 약속을 어기는 것이 너무나 싫었다.

어찌해야 할지 모르는 현실이 너무도 답답했다. 이 답답한 마음을 어쩌지 못해 밖으로 나가 무작정 걸었다. 몇 시간씩 그냥 발길 닿는 대로 걷고 또 걸었다. 길가에 웃으며 대화하는 사람을 보는 것만으로도 나 자신이 너무도 불쌍하고 비참하게 느껴졌다. 사람을 피해 한적한 공터가 보이면 쭈그려 앉아 한참을

울었다.

 아무리 눈물을 흘려도, 거리를 온종일 걸어보아도 현실은 나아지지 않았다. '부모님이 사주四柱를 보고 와서 "이번 시험에 합격한다."는 말을 듣고 오셨다는데 하는 푸념과 앞으로 나는 무엇을 해야 할까?' 하는 걱정만이 반복될 뿐이었다.

항상 반대되는 것이 필요합니다.

어둠과 빛, 빛과 어둠.

그림에는 항상 이 둘이 필요하죠.

빛에다가 빛을 더하면 아무것도 생기지 않습니다.

어둠에 어둠을 더해도 마찬가지로 아무것도 없죠.

삶도 마찬가지입니다.

가끔씩 슬픔이 있어줘야 행복한 시기가 올 때, 느낄 수 있죠.

- 밥 로스 (Bob Ross) -

2

한 줄기 빛이 보였다

집에 있기가 너무 답답해 밖으로 나가 매일 같이 걷기만 했다. 할 수 있는 게 그것밖에 없었다. 걷다 보니 조금씩 주위의 풍경이 눈에 들어오기 시작했다. 내가 한 달 넘도록 걸어왔던 그 길에 사주풀이 집이 유독 많다는 사실도 이제야 알게 되었다. 한 사주풀이 집 앞에서 발길이 멈췄다. '앞으로의 내 인생이 어떻게 될지 물어볼까? 어디로 가면 나를 도와줄 사람을 만난다든지, 어떤 일을 해야 한다든지 이런 것들을 알려줄 수 있지 않을까?'라는 생각이 들었다. 그 생각을 하자마자 나 자신에게 정말로 불같이 화가 났다. 병신도 이런 병신이 없다는 생각이 들었다. 지금까지 나도 모르게 사주라는 것을 믿고, 의지하고 있었던 것이다. 그동안 나 자신이 얼마나 한심한 생각을 가지고 살아왔는지 비로소 알게 되었다.

'부모님이 사주를 한두 번 보고 다녔어? 보러 갈 때마다 올해가 합격 운이 있으니 열심히 공부하라고 했다고 늘 말씀하셨지. 저 사람들 말대로라면 나는 벌써 시험에 붙었어야 해. 사주를 봐준 사람들 중에서 지금의 이 초라한 모습을 예견해서 시험공부를 말린 사람이 있었어? 아무도 없었잖아. 그런데 그런 사람들 말을 다시 믿겠다는 생각을 하다니 미쳐도 단단히 미친 놈이네.'

그리고 결심했다. "다시는 사주를 믿지도 의지하지도 않겠어. 이제부터 내 인생은 내가 만들어나가는 거야. 할 수 있어. 나는 반드시 해낼 거야."

이렇게 결심을 하긴 했지만 어떻게 이 막막함을 헤쳐나갈지에 대한 방법이 있던 것은 아니었다. 결심을 굳히고 며칠이 지난 어느 날 갑자기 몇 달 전의 일이 생각나면서 온몸에 소름이 돋았다. 그 당시에는 인정하고 싶지 않았지만 시험을 치기 3

달 전부터 이번 시험에 떨어질 거라는 어설픈 느낌이 있었다. 이 어설픈 느낌은 시험 1달 전부터는 무척이나 생생하게 느껴지기 시작했다. 인정하고 싶지 않은 느낌이 생생하게 느껴질수록 시험을 준비하는 나의 이성과 감정은 급속도로 무너져만 갔다. 다만 '나는 올해 합격할 사주야.'라는 말을 되새기며 어떻게든 버텼을 뿐이었다. '나는 어떻게 시험에 떨어질 것을 정확하게 알 수 있었지? 분명히 올해 합격할 사주라는 말을 믿고 있었을 텐데. 어떻게 사주보다 더 정확한 예측을 할 수 있었지? 내 인생의 길을 남에게 물어보지 말고 나 자신에게 물어보면 더 정확한 답을 찾을 수 있지 않을까?' 하는 생각에까지 이르게 되었다.

내 인생을 누구보다 잘 아는 사람은 바로 나였다.

답을 구하기 위해서는 문제가 있어야 한다.
자신이 무엇이 필요한가를 무엇을 원하는가를 알아야
그 답을 구할 수 있다.

- 대해 스님 -

3

자기계발을 알게 되다

    그래도 혹시나 하는 마음으로 내가 무엇을 해야 이 막막함을 헤쳐나갈 수 있을지에 대해 주위 사람들에게 물어보았다. 단 한 명도 답을 제시해 주지 못했다. 오히려 취업을 부탁하나 싶어 부담스러워하기까지 했다. 역시나 남에게 물어서 되는 것이 아니라는 것을 다시 확인했다는 데 의의를 두었다. 이 와중에 부모님은 "경제적 지원을 해줄 테니 공부를 계속해보지 않겠냐?"는 제안을 하셨다. 더 이상 공부를 할 의사가 없다고 강력하게 말을 했음에도 불구하고 나의 의사는 안중에도 없으셨다. 부모님은 파출부를 해서라도 뒷바라지를 하겠다며 시험 합격에 대한 미련을 버리지 못하셨다. 본인들의 생각을 강요하는 부모님이 야속하게 느껴졌다. 하지만 한편으로는 너무도 손쉽게 현재 상황이 정리될 것만 같은 부모님의 제안에 흔들렸다.

세상의 많은 부모는 자식의 성공으로 자신의 인생을 보상받고 싶어 한다. 나의 부모 또한 다르지 않았던 것이다.

이런 제안에 마음이 흔들리는 자신이 정말 못나고 한심하게 느껴졌다. 부모님의 희생을 통해 좀 더 편한 길을 가보겠다는 마음이 생기는 것이 제정신이 아니라는 생각이 들었다. '내 인생은 내가 만들어나가겠다고 결심을 세웠으니 그 어떤 것에도 흔들리지 말자. 반드시 내 인생의 성장을 위한 방법을 찾을 생각만 하자.' 나는 굳은 결심을 세우고 부모님의 경제적 지원을 일체 거절했다. 나의 성장을 위해서는 우선 부모님의 도움에서 벗어날 필요가 있었다. 행여 부모님께 의지하려는 마음이 생길까 봐 1년 동안 연락하지 않고 독립할 시간을 갖겠다고 말씀드렸다.

'내 인생은 내가 만들어나가겠다.'는 나의 신념을 흔들거나 이에 반하는 것들은 어떤 것도 받아들이지 않겠다고 다짐했다.

이제부터 내가 의지할 수 있는 대상은 사주도 아니고 부모님도 아니다. 내가 나를 바꿀 수 있다는 자신에 대한 믿음을 가지는 것뿐이었다.

'내 인생은 내가 만들어나가겠다.'는 의지가 확고해지고 '내가 나를 바꿀 수 있다.'는 믿음이 확고해지자 어떤 특정된 것이 자꾸 눈에 띄었다. 오프라 윈프리 쇼Oprah Gail Winfrey show를 보게 되었는데 자기계발서 '시크릿secret'에 관한 내용이었다. 신문에 있는 사법시험 합격 수기에서는 '시크릿'이란 책을 읽고 어떻게 자기계발을 해 왔는지가 적혀 있었다. 잠시 시간을 보내기 위해 들른 교보문고에서 내 눈에 뜨여 집어든 책의 제목은 바로 '시크릿'이었다.

'자기계발이라는 것이 있구나.'라는 호기심이 어느덧 '이것이 내가 찾는 답일지도 모른다.'는 확신으로 바뀌었다. 그 확신으로 시크릿을 읽어 나갔다. 그리고 한 치의 주저함도 없이 책에 쓰인 내용을 실행하기 시작했다. 이렇게 해서 '내 인생을 내가 만들어 나가겠다.'는 의지의 행동이 시작되었다.

인생은 될 대로 되는 것이 아니라 생각하는 대로 되는 것이다.

자신이 어떤 마음을 먹느냐에 따라 모든 것이 결정된다.

사람은 생각하는 대로 산다.

생각하지 않고 살아가면 살아가는 대로 생각한다.

- 조엘 오스틴 (Joel Osteen) -

4

자기계발을 믿지 못하는 것은 당연하다

"1억 원을 투자하면 매달 이자로 200만 원을 받으실 수 있습니다."

당신이 이 광고를 본다면 엄청난 이득을 얻을 기회다 싶어서 바로 투자할 것인가? 아니면 사기라고 생각하고 웃고 넘길 것인가? 광고대로라면 1억 원만 투자하면 당신은 매년 2,400만 원의 수익을 얻을 수 있다. 이 정도 수익이 나는 사업을 혼자서 하지 않고 남에게 알려줄 필요가 있을까?

설령 이런 고급 정보를 남들과 함께 공유하기로 마음을 먹었다 하더라도 자기 주변의 가족이나 몇몇 지인 정도에 그칠 것이다. 한 번도 본 적 없는 남에게 이런 고급 정보를 알려줄 이유는 없다. 심지어 돈을 들여서 광고까지 해가면서 알려준다는 것은 도저히 이해가 되지 않는 행동이다. 이런 광고는 예외 없이 100% 사기다. 지극히 논리적인 사고를 하는 사람이라면 이런 광고는 사기임을 바로 눈치챌 수 있다.

"이 책에 있는 내용을 믿고 따르면 당신이 원하는 모든 것을 얻을 수 있습니다."

지극히 논리적인 사고를 하는 사람이라면 이 말 또한 당연히 믿지 않을 것이다. 이렇게 좋은 것을 남에게 알려줄 필요가 없기 때문이다. 한 번도 본 적 없는 남에게 이런 고급 정보를 알려줄 이유는 없다. 심지어 자신의 시간과 노력을 들여 책까지 써가면서 알려주겠다고 자발적으로 나서는 모습이 아닌가? 바로 이런 점을 이유로 논리적인 사람들은 자기계발서를 말도 안 되는 사기라고 말하는 것이다. "그렇게 좋으면 자기만 알고 있으면 되지. 왜 남에게 굳이 알려주려고 하지? 더구나 부탁도 하지 않았는데 말이야."

자기계발은 그 내용을 외부로 말하는 순간에 이러한 모순을 필연적으로 가질 수밖에 없는 구조다.

나 또한 법을 공부한 논리적인 사고를 하는 사람임에도 불구하고 이 말도 안 되는 것을 왜 믿었을까? 심지어 믿음을 넘어 충실히 실행했다. 지금 생각해보면 그 당시에는 이런 모순이 있다는 것을 생각할 여력조차 없었다. 인생이 나락으로 떨어져 무엇을 해야 할지 모르는 답답함만이 있는 상황에서, 정말이지 그 무엇이라도 붙잡을 수 있다면 그것을 꽉 붙잡아서 이 상황에서 탈출하고 싶은 간절한 소망뿐이었다. 그 간절한 소망이 나로 하여금 자기계발서를 한시도 떼어놓지 못하게 만들었다.

5

자기계발을 다시 정립하다

 이렇게 시작된 자기계발을 통해 원했던 목표를 하나씩 성취해 나가면서 자기계발이 허황된 사기가 아니라는 사실을 깨닫게 되었다. 오히려 이때부터 '왜 이런 현상이 가능하지?'라는 의문이 생겼다. 이런 의문에 대한 논리적인 답을 찾기 위해 자료를 수집하고 수집한 자료들을 연구하기 시작했다.

 기존의 자기계발서를 통해서 가장 아쉽게 느껴졌던 것은 체계적이지 못하다는 것이었다. 무엇부터 시작해야 하는지, 다음 단계로 무엇을 해야 하는지에 관해서 짜임새 있게 적혀진 자기계발서는 없었다. 일의 순서가 잘못되면 애초에 일을 진행할 수 없다. 어쩌다 일이 진행되었다면 즉각 멈추고 순서부터 다시 잡아야 한다. 자기계발의 경우도 이와 마찬가지여서 순서가 잘못되면 자기계발이 되지 않는다. 무작정 자기계발을 했다면 멈추고 순서를 다시 잡아야 한다. 그러다 보니 여러 번의 시행착오를 겪을 수밖에 없었고, 이를 보완한 나만의 '체계적 자기계발'을 만들어야겠다고 생각했다.

또한 기존의 자기계발서는 '왜?'라는 질문에 대답을 주지 않았다. 그냥 무조건 따라 하라는 식이다. 나는 이를 '암기 위주의 자기계발'이라고 부른다. 이런 '암기 위주의 자기계발'은 따라 하는 것만으로도 원하는 목표를 달성할 수 있다. 그런데 왜 이런 것이 가능한지에 대한 이해가 부족하다 보니 다른 상황에서 응용하지 못하는 문제점이 있었다. 그리고 나 자신도 궁금해 미칠 것 같았다. 그래서 이유를 설명해주는 이해가 수반된 자기계발 즉 '이해 위주의 자기계발'을 만들어야겠다고 생각했다. 자기계발의 이유를 찾다 보니 기존의 자기계발서가 가진 오류들도 보였다. 오류를 발견하고 여러 검증을 거치면서 '이해 위주의 자기계발'이 완성되게 되었다.

많은 자기계발서를 읽고 느낀 것이 성공한 사람들은 그들이 가진 습관, 대화의 기술이나 일에 대한 추진력, 직감, 상상력, 아이디어 등이 종합적으로 연관되어 성공에 이르렀다는 것이다. 예를 들어 '좋은 습관' 하나만을 갖추었다고 성공한 사람이 된 것은 아니었다. 아인슈타인, 빌 게이츠도 스티브 잡스도 오프라 윈프리도 전부 다 그러했다.

그런데도 기존의 자기계발서는 하나의 단편적인 주제만을 가지고 같은 내용을 장황한 문구로 다르게 써가며 반복할 뿐이었다. 사실 복잡한 인간의 삶을 하나의 주제로 설명한다는 것 자체가 불가능한 것이다. 성공을 이끄는 방식을 '습관'이라는 하나의 단편적인 주제만으로 설명할 수는 없는 것이다. 그래서 '종합적 자기계발'에 대해 연구했다. '종합적 자기계발'을 연구하면서 성공의 비결이 '무의식 속 감정'이라는 하나의 문제로 귀결됨을 알게 되었다.

이렇게 정립된 체계적, 이해 위주, 종합적 자기계발의 방법을 남에게 알려주지 않았다. 아니 알려주고 싶지 않았다. 실제로 검증까지 거친 이 이론을 남에게 알려줄 필요가 없었다. 한

번은 자랑삼아서 이야기를 꺼냈지만, 누구도 내 말을 믿지 않았다. 마치 내가 사기꾼이 된 것 같았다. 그래서 그 이후로는 단 한 번도 나에게 이런 능력이 있음을, 이러한 방법이 있음을 말하지 않았다.

그사이 나 자신은 이 방법을 통해서 원하는 것을 모두 얻어 냈고, 한 번도 놓친 적이 없다. 나에게 일어나는 신기한 현상에 대해 의아해하는 사람들에게는 "운이 좋았습니다. 주위의 도움 덕분이죠."라고 말했다. 그래서 그들에게 나는 '참 운이 좋은 사람'으로 기억되고 있다. 이 글을 읽기 전까지 말이다.

이러한 자기계발의 방법을 내가 가르쳐 준 사람은 손에 꼽힐 정도에 불과하다. 그들은 이 방법을 통해서 나처럼 자신이 원하는 것을 얻어내고 있다.

비밀을 지키는 가장 좋은 방법은

비밀이 없는 척하는 것이다.

- 마가렛 애트우드 (Margaret Atwood) -

6

비밀을 드러내다

 시험에 합격하고 인사하러 오신 분들로부터 종종 이런 말을 듣곤 한다. "민법은 무조건 암기해야 하는 '암기과목'인 줄 알았어요. 그런데 선생님 강의를 듣고 공식처럼 체계화되어 있다는 것을 처음 알았어요. 그래서 민법이 재미있고 자신감이 많이 생겼어요. 덕분에 민법에서 좋은 점수를 받을 수 있었어요. 그런데 선생님. 인생은 선생님 강의처럼 공식이 있는 것은 아니겠죠? '인생에서 성공하기 위해선 이렇게 하면 된다.'는 그런 게 있으면 정말로 좋겠어요. 그런 방법이 있다면 정말이지 배우고 싶어요."

이런 말을 듣게 되면 같은 고민으로 힘든 시간을 보냈던 나의 옛날 기억이 떠오른다. 도움을 주고 싶다는 생각이 들기도 하지만 섣불리 말을 하지 않았다. 강사로서 수험생에게 공부 방법과 생활 지도는 얼마든지 해줄 수 있는 부분이지만, 개인의 인생에 대한 것은 개입할 영역이 아니라 생각했다. 게다가 나의 비밀을 알려주고 싶지 않다는 마음도 있었다.

이런 내가 자기계발의 비밀을 책으로 내기 위해 집필을 하고 있다. 나에게 이 일을 하게끔 만드는 계기가 생겼기 때문이다. 그 계기가 없었다면 나는 평생 이것을 외부로 공표하지 않았을 것이다.

자기계발의 가장 중요한 순간에 이끌어 주신 멘토Mentor가 계신다. 나의 멘토께서는 내가 이런 책을 쓰게 될 줄을 아셨는지 지도해 주실 때부터 계속 자신의 이야기를 외부로 하지 말 것을 신신당부하셨다. 그 당시에 나는 '왜 그런 말씀을 하시지?'라는 의문을 품은 채로 그렇게 하기로 약속을 했다. 그래서 그분의 대단함을 이 책에 담을 수 없다는 것이 너무 속상하다.

나와 멘토를 아는 분을 몇 달 전에 만나게 되었다. 이런저런 이야기를 하다가 "저는 제가 아는 자기계발 방법을 몇몇 사람들을 제외하고는 말하지 않고 있습니다."라고 했다. 그러자 그분은 나를 지그시 바라보곤 진지한 목소리로 말하기 시작했다.

"묘엽씨가 다른 사람들에게 멘토가 되어 그 기회를 같이 공유했으면 합니다. 묘엽씨의 멘토께서 주신 그 기회를 말이죠. 그것이 멘토께서 묘엽씨께 전하고자 한 뜻이라 생각합니다."

그 말은 나의 뇌를 강타했고 마음속에 큰 울림이 되었다. 시간이 지나도 이상하리만큼 그 말이 잊히지 않는다. 나의 멘토는 일면식도 없는 내가 힘들 때 그 어떤 것도 바라지 않으시고 내 손을 잡아 이끌어 주셨다. 나는 누군가로부터 아무런 대가 없이 도움을 받았는데, 나는 내가 얻은 이 비밀을 나 혼자서 얻어낸 것인 양 아까워하고 욕심을 내면서 혼자서만 독점하려고 했다. 나 혼자서만 잘 살려고 했다.

그래서 책을 통해서 그동안 정립한 자기계발의 방법을 알리기로 결심했다. 책의 이름이 멘토Mentor가 된 것은 나의 멘토의 정신을 담기 위함이다. 이것이 멘토를 존경하는 나의 마음을 담을 수 있는 유일한 방법이라 생각했다.

글을 쓰기로 마음먹은 순간부터 밤낮을 가리지 않고 미친 듯이 몰두했다. 그동안 내가 이 글을 쓰고 싶었던 것은 아닌지 의심스러울 정도로 쉬지 않고 열정적으로 썼다.

이 책을 쓰면서 비로소 기존의 자기계발서가 사기가 아닌 이유를 알게 되었다. '자기계발을 통해서 사회에 공헌하고 싶은 좋은 의도의 사람도 있겠구나.'라는 생각이 들었다. 나의 멘토께서 나에게 베푸셨던 마음처럼 말이다. 내가 그분처럼 헌신적일 순 없겠지만, 그분의 가르침을 받은 사람이라고 말할 때 부끄럽지 않도록 최선을 다하려 한다.

이 책을 읽고 있는 당신도 옛날의 나처럼 너무도 절박할지 모른다. 아니면 논리적인 사람이기 때문에 의심할지도 모른다. 만약 당신의 마음속에서 '한번 읽어볼까?!'라는 생각이 조금이라도 든다면 속는 셈 치고 이번 한 번만 읽어주었으면 한다. 한 번만 읽고 '한번 해볼까?!'라는 마음이 든다고 당신에게 나쁠 것이라곤 아무것도 없으니 아주 작은 것이라도 시도해 주었으면 한다. 이렇게 하다 보면 당신도 모르게 반드시 원하는 것을 이루게 될 것이다. 나의 방법을 따라준 분들처럼 말이다.

어떤 비밀들은 너무 흥미로운 나머지 공유하지 않을 수 없다.

- 마가렛 애트우드 (Margaret Atwood) -

Chapter 2.
질문이 정답보다 중요하다

Question is more important than answer.

Artic Ocean

Ocean

N

W   E

S

th Atlantic Ocean

1

성공의 5가지 요소

"If 'a' is a success in life, then 'a' equals 'x' plus 'y' plus 'z'. Work is 'x', 'y' is play; and 'z' is keeping your mouth shut."

이는 알버트 아인슈타인Albert Einstein이 성공을 위해서 필요한 요소를 공식으로 표현한 문장이다. 아인슈타인은 "인생에 있어 성공을 'a'라고 한다면, 'a=x+y+z' 이다."라고 말했다. 아인슈타인은 성공을 위해서는 x, y, z의 3가지 요소가 반드시 필요하다고 보았다. 아인슈타인이 말한 'x'는 일이고 'y'는 그 일을 하는 것을 뜻한다. 그리고 'z'는 침묵을 말한다.

우리가 성공하기 위해서는 먼저 '일'이 있어야 하고 이러한 일을 "실행, 즉 행동으로 옮겨야 한다."라고 말하고 있다. 특히 "일을 실행하는 과정에서 철저히 침묵할 것."을 요구하고 있다.

> "Work is 'x', 'y' is play; and 'z' is keeping your mouth shut."
> 이 문장을 해석할 때 'y'의 'play'를 '놀이'라는 뜻으로 해석하기도 한다. 'play'라는 단어는 실제 '놀이'라는 뜻으로는 거의 사용되지 않는다. 오히려 '무엇을 하는 것'이라는 뜻으로 더 많이 사용되고 있다. 그렇다 보니 'y'의 'play'는 앞의 'x'의 '일'을 하는 것이라고 해석하는 것이 바람직하다.
>
> 다음으로 세미콜론(;)의 역할도 생각해야 한다. 세미콜론은 앞의 한 문장과 뒤의 한 문장을 나누는 역할을 하면서 동시에 두 문장의 관계를 표시하는 역할을 한다. 결국 "Work is 'x', 'y' is play."라는 하나의 문장과 세미콜론 다음의 "'z' is keeping your mouth shut."이라는 문장은 연관되어 있는 문장이라는 뜻이다. 따라서 'z'의 '침묵'은 일을 실행하는 과정의 침묵이라고 해석하는 것이 타당하다.

그런데 아인슈타인은 이 공식 외에도 성공을 위한 하나의 공식이 추가되어야 함을 본인 스스로 인정했다. 그것은 바로 '직관'이다.

"가장 유일하게 가치 있는 것은 직관이다. 신이 인간에게 내린 최고의 선물은 상상력과 직관이다. 내가 자연의 기본적 원리를 발견하고자 할 때 어떠한 논리적인 방법으로 한 것이 결코 아니다. 오직 직관에 의한 것이다." 이처럼 아인슈타인은 직관의 신봉자였다.

그리고 사람이기에 당연히 가질 수밖에 없는 일상적인 행위들이 있다. 우리는 이를 습관이라고 부르고 이러한 습관들이 일정한 패턴을 가지고 진행되는 것을 루틴이라고 부른다. 이러한 습관과 루틴을 아인슈타인도 가지고 있었다. 아인슈타인은 평소에 양말을 신지 않는 습관이 있었다. 양말에 구멍이 나는 것이 싫었던 그는 아예 양말을 신지 않기로 결심한 것이다.

나는 성공한 사람들을 연구하고 분석하여 성공에 필요한 5가지 요소를 찾아내게 되었다. 그 성공에 필요한 5가지 요소는 '침묵, 일, 행동, 습관, 직관'이다. 이렇게 찾아낸 5가지 요소를 현재 성공한 사람들이라 불리는 스티브 잡스, 빌 게이츠, 워런 버핏, 오프라 윈프리에게 모두 적용해 보았다. 개인 간에 차이는 있었지만, 그들 모두 이 5가지 요소를 중요시 생각하고 있었다. 그들은 강연이나 인터뷰를 통해서도 이 부분의 중요성을 여러 차례 언급했다. 그리고 이것들을 성공을 위한 방향으로 설정해 놓고 적극적으로 활용하고 있었다.

성공하려면 귀는 열고 입은 닫아라.

- 존 데이비슨 록펠러 (John Davison Rockefeller) -

암기 위주형 자기계발은
그만해야 한다

 우리는 암기 위주의 교육이 가지는 문제점을 잘 알고 있다. 암기 위주의 교육은 암기한 문제에 대해서는 즉시 답을 찾아내지만, 문장을 바꾸거나 응용문제로 변형하게 되면 같은 내용이라도 정답을 찾지 못하는 문제점이 있다.

 하지만 이해 위주의 교육은 이해한 내용이 그대로 출제가 되든 문장이 바뀌어 출제되거나 응용문제로 출제되어도 정답을 찾을 수 있게 해준다. 그렇기에 모든 유형의 문제를 전부 암기하지 않아도 모든 문제를 풀 수 있는 이해 위주의 공부를 해야 한다고 주장한다. 우리도 이런 사실쯤은 잘 알고 있다. 그래서 전문가가 아닌 우리도 이해 위주의 교육이 필요하다고 주저 없이 말할 수 있는 것이다.

현재 자기계발을 하는 사람들 대부분이 자신의 행동에 대한 이해도가 없이 시키는 대로 한다. 우선 해보고 어떻게 변화되는지 그 결과를 확인하는 방식이다. 내가 옛날에 그러했듯이 말이다. 이런 방식의 자기계발은 방식을 암기하고 그대로 따라하는 그리고 결과를 맞혀보는 암기 위주의 자기계발이다.

공부는 이해 위주형으로 해야 한다고 하면서 자신의 인생이 걸린 제일 중요한 문제는 암기 위주형으로 해결하겠다는 것이다.

게다가 우리의 삶은 문제 풀이보다 더욱 복잡하고 다양하게 전개된다. 삶 자체가 응용문제 그 자체라고 봐도 된다. 이미 겪었던 경험이 똑같이 다시 일어나는 경우란 없기 때문이다. 그렇기 때문에 암기 위주의 자기계발을 통해서는 우리의 삶 속에 응용할 수 있는 힘을 가지지 못하게 된다.

평소 잘 알고 지냈던 사장님이 갑자기 상담을 하러 오셨다. H 사장님은 사업수완이 좋으시기로 유명하셔서 장사의 규모가 남다르게 크시다. 요즘 들어 사업가로서의 직감이 떨어졌는지 계약 시 판단이 잘 서질 않는다는 것이 사장님의 고민이었다. 사장님은 평소 아침에 일찍 일어나 운동과 명상을 즐기시는 분이었다.

"요즘에도 명상은 계속하십니까?"
"네. 운동과 명상은 꾸준히 해오고 있어요."
"운동은 건강을 위해서라면, 명상은 왜 하시나요?"
"그냥……. 지인이 아침에 명상하면 좋다고 하길래 나도 해보니까 차분하게 하루를 시작할 수도 있고 여러 가지로 좋은 것 같더라고요. 그래서 지금까지 계속하고 있어요."
H 사장님은 암기 위주형 자기계발만 하고 있었다. 명상에 대한 이해가 전혀 없다 보니 사업이라는 실전에서 어떻게 응용할지를 전혀 모르신 것이다. 전형적인 암기 위주 자기계발의 문제점이다.

우선 사장님의 명상에 대한 이해도를 높여드려야 했다. 감정이나 생각을 철저하게 배제하는 훈련을 하는 것이 명상이고, 이러한 훈련을 반복하다 보면 평소에도 감정이나 생각이 배제된 판단이 가능하게 된다고 설명해 드렸다.

"사업가로서의 직감이 떨어졌다고 느끼는 것은 '욕심'이나 손해에 대한 '두려움'의 감정이 생겼기 때문입니다. 이는 판단의 주저함으로 연결됩니다. 이 두 가지의 감정을 배제하실 수 있다면 아주 정확한 직감을 보시게 될 겁니다. 내일이라도 당장 판단을 하셔야 하는 일이 생긴다면 잠시나마 명상을 하시고 결정하길 권해 드립니다. 명상의 이유와 쓰임새를 아시면서 명상을 하셔야 합니다."

H 사장님은 그 뒤로 명상을 어떻게 생활화할지에 대해 고민하기 시작했다. 특히 사업과 관련된 직감을 높이기 위해 노력했다. 사업상 중요한 판단을 해야 하는 순간이면 잠시나마 눈을 감고 숨을 고르며 마음속 감정을 정리하면서 결정을 내렸다. 그렇게 내린 H 사장님의 결정은 절대 틀리지 않았다.

3

질문을 하면
새로운 인생이 열린다

이해 위주 자기계발은 어떻게 해야 할까?

이해 위주 공부 방법을 통해서 그 해답을 찾을 수 있다.

이해 위주 공부는 "왜 이렇게 되지?"라는 질문에서 시작한다. 스스로 던진 질문을 해결해 가는 과정을 통해서 비로소 이해 위주 공부를 하는 것이다. 결론적으로 이해 위주 공부를 위해서는 "왜?"라는 질문이 가장 중요한 것이다.

이해 위주 공부 방법처럼 이해 위주 자기계발도 "왜 이렇게 되지?"라는 질문으로부터 시작된다. 나도 끊임없이 질문을 던졌고, 그 질문을 찾는 과정에서 이해 위주의 자기계발이 가능하게 되었다. 그래서 내가 나에게 던졌던 질문으로 각 단원의 이야기를 시작하려 한다. 이 질문은 여러분들이 자기에게 던지는 질문이 될 것이다.

이 책은 단원마다 질문으로 시작되고, 그 질문에 대한 해답을 찾아 나가는 방식으로 서술되어 있다. 이와 같은 방법으로 책을 저술한 이유는 여러분들 스스로가 자신에게 질문을 던지고 그 해답을 찾아가는 이해 위주의 자기계발을 자연스럽게 습득하게 돕고자 함이다.

현재의 삶이 만족스럽지 못한 사람들은 하나같이 돈을 많이 벌거나 잘 살고 싶어 한다. "왜 이렇게 살 수밖에 없지?"와 같은 질문은 하지 않는다. 질문을 하지 않고 오로지 답만 찾고 있다.

지금 인생을 새롭게 창조하고자 하는 우리에게 필요한 것은 '답'이 아니라 '질문'이다.

15세기 당시에는 지구를 중심으로 우주가 회전한다는 천동설Geocentric theory을 당연한 진리라고 믿고 있었다. 지구가 움직이고 회전한다는 것을 그 당시에는 받아들여질 수가 없었다. 코페르니쿠스Nicolaus Copernicus는 "정말로 태양이 움직이고 있을까? 지구가 움직이고 있는 것은 아닐까?"라는 질문을 던졌다. 이 하나의 질문으로 인해 그는 태양을 중심으로 지구가 회전운동을 한다는 지동설Heliocentric theory을 찾아내게 되었다. 코페르니쿠스의 질문이 없었다면 지동설은 나올 수가 없었을 것이다.

우리가 이러한 질문을 더 이상 하지 않게 된다면 우리는 현재의 상황 속에서 순응하면서 살아갈 뿐 더 이상의 발전은 일어날 수 없다.

마찬가지로 아인슈타인의 과학계에 대한 지대한 공헌은 과학에 대한 그의 끊임없는 질문이 있기에 가능했다. 그는 끊임없는 질문을 통해 기존의 과학적 시각에 의문을 가졌다.

'시간이란 무엇일까? 중력이란 무엇일까? 빛보다 빠른 물질은 존재하는가?' 그의 이런 질문은 남들이 생각지 못한 과학적 발전을 이끌어 냈다.

이러한 아인슈타인의 질문이 멈춰 버린 일이 생겼다. 지금까지 자신이 주장한 과학적 견해를 송두리째 부정하는 양자역학이 과학계에서 주장되었기 때문이다. 이 이론이 발표된 이후에 아인슈타인은 자신의 과학적 결과물을 마음에 담아두고 집착하기 시작했다. 그는 자신의 이론이 더욱 타당함을 입증하려고만 했다. 양자역학에 대한 호기심 어린 질문을 하지 않았다.

참으로 이상하게도 그 이후부터 아인슈타인의 과학계에 대한 기여는 멈추게 된다. 단지 자신이 과학적 결과물에 순응하면서 살아가는 한 늙은 과학자로서의 아인슈타인만이 있을 뿐이었다. 아인슈타인이 한 것이라고는 질문을 멈춘 것밖에 없었는데도 이런 엄청난 차이가 생긴 것이다.

스티븐 호킹Stephen William Hawking은 "신은 주사위를 굴리지 않는다고 아인슈타인이 말했지만, 이것은 틀렸습니다. 블랙홀을 생각하면 신은 주사위를 우리가 볼 수 없는 곳에 던져 놓는다고 볼 수 있죠."라고 말을 하면서 아인슈타인의 이론이 틀렸음을 입증했다.

스티븐 호킹은 자신의 결과물에 대한 타당함만을 입증하려고 한 아인슈타인의 태도를 문제 삼은 것이다.

질문이 정답보다 중요하다.
곧 죽을 상황에 처해 단 1시간의 시간이 내게 주어진다면,
나는 55분을 질문을 찾는데 할애할 것이다.
올바른 질문은 답을 찾는 데 5분도 걸리지 않게 한다.

- 알버트 아인슈타인 (Albert Einstein) -

4

고급스러운 질문을 해라

과거의 질문

"어떻게 해야 돈을 많이 벌 수 있지?"

이런 질문을 던진다면 돈을 많이 벌 수는 있겠지만, 인간다운 삶을 포기해야 할지도 모른다. 인간다운 여유나 휴식은 전부 포기한 채로 돈을 벌기 위해 온종일 일만 해야 하는 자신을 보게 될 것이다. 사실 이 질문은 옛날에 내가 나 자신에게 던진 질문이었다.

인생을 고급스럽게 살고 싶다면 우리의 질문이 고급스러워지면 된다. 우리의 질문이 더욱 고급스러워지고 고결해질수록 우리가 찾는 인생의 정답도 더욱 고급스럽고 고결할 것이다. 그래서 나는 돈에 대한 기존의 질문을 바꾸었다.

더 나은 질문

"도대체 돈은 어떤 속성을 가지고 있지?"

지금까지는 돈을 많이 벌겠다는 일념으로 온종일 일을 놓지 않고 지내왔다. 하루에 3~4시간, 그 이상을 잔 적이 없다. 그런데 이런 식으로 평생을 살아야 한다면 나의 인생은 후회만 남을 것 같다는 생각이 문득 들었다.

먼저 돈이 가지는 본래의 속성을 정확하게 파악하기로 했다. 돈을 버는 것과 동시에 여유로운 삶도 병행할 수 있는 방법을 찾기 위해서는 돈의 속성을 알 필요가 있었다. 질문을 바꾸자 새로운 시선으로 돈에 대해 고민을 하기 시작했고 돈의 속성에 대한 나름의 답을 찾게 되었다.

우리가 일을 통해서 벌게 되는 돈의 액수는 2가지의 기준에 의해서 산정된다. 하나는 내가 하는 '일에 대한 평가 가치'와 또 하나는 그 일을 하는데 '들어가는 시간'이다. 내가 하는 일에 대한 평가 가치를 시간당 1만 원으로 계산해서 10시간을 일하면 총 10만 원을 벌게 된다.

이때 벌어들이는 돈의 액수를 늘리고 싶다면 '일에 대한 평가 가치'를 높이거나 '들어가는 시간'을 늘리는 방법을 사용해야 한다. 일에 대한 평가 가치가 시간당 2만 원으로 높아진다면 같은 10시간의 일을 해도 수입은 2배가 많아진다. 반면에 일하는 시간을 15시간으로 늘리면 일에 대한 평가 가치가 그대로 1만 원이라 해도 수입은 1.5배가 많아진다.

"같은 일을 하더라도 평가 가치를 높이는 방법은 무엇이 있을까?"

그 일에 대한 전문가가 되는 것이다. 전문가가 되면 비전문가와 달리 일에 대한 평가 가치가 높아지게 된다. 그래서 우리는 전문가가 될 수 있는 자격증을 취득하려고 한다.

"같은 일을 하더라도 일하는 시간을 늘리는 방법은 무엇이 있을까?"

　일에 대한 평가는 사람마다 다를 수 있지만, 주어지는 시간만큼은 다를 수가 없다. 부자, 가난한 자, 시간을 낭비하는 자, 아끼는 자 할 것 없이 모두 같은 시간이 주어진다. 시간 중에 일정 부분은 잠도 자야 하고 식사도 해야 한다. 그렇다 보니 시간을 늘리는 방법으로 사람이 할 수 있는 것은 한계가 있다.

　다행히 기술이 발전해 우리는 기계를 이용해 우리의 일하는 시간을 늘릴 수 있다. 예를 들어 동영상으로 촬영해 놓은 강의를 기계가 재생함으로써 재생된 강의 숫자만큼 일하는 시간이 늘어나는 것이다. 또한 이러한 재생은 동시다발적으로도 가능하다. 1개의 강의가 2,000번 재생되었다면 일하는 시간이 2,000배 늘어난 것이다. 내가 소규모 학원이 아니라 동영상 강의를 제공하는 대형 학원에서 강의하기로 결심한 것도 바로 이 때문이다.

고급스러운 질문

"일하는 시간을 줄이면서 많은 돈을 벌어들일 방법은 무엇이 있을까?"

가장 일반적인 방법은 사람들을 고용해서 동시다발적으로 많은 양의 일을 처리하게 하는 것이다. 이 방식을 사용하면 처리할 수 있는 일의 양은 늘어난다. 여기에 업무의 분업화와 기계화 시스템을 추가한다면 처리할 수 있는 양은 기하급수적으로 늘어난다. 그래서 많은 돈을 벌려면 사업을 해야 한다고 말하는 것이다.

다른 방식으로는 내가 일을 하지 않아도 스스로 가치가 증폭되는 것들을 보유하는 것이다. 부동산을 보유하고 있다가 가치가 더 오를 때 팔아서 차액을 노리는 방법이 현재 일반적으로 사용되는 방법이다. 이 방법 외에도 금을 보유하거나 주식을 보유하기도 한다. 또한 영화나 음원에 대한 수익금을 얻는 방식으로의 투자도 이루어지고 있다. 최근에는 한정 수량의 신발이나 가방 등의 아이템을 수집하는 경우도 많다.

그가 하는 대답만 가지고서는
그 사람이 똑똑한지 알 수 없다.
정말 똑똑한 사람인지는
그의 질문을 보면 알 수 있다.

- 나기브 마프즈 (Nagīb Mahfūz) -

Chapter 3.
침묵을 통해 자기의 마음을 관찰하라

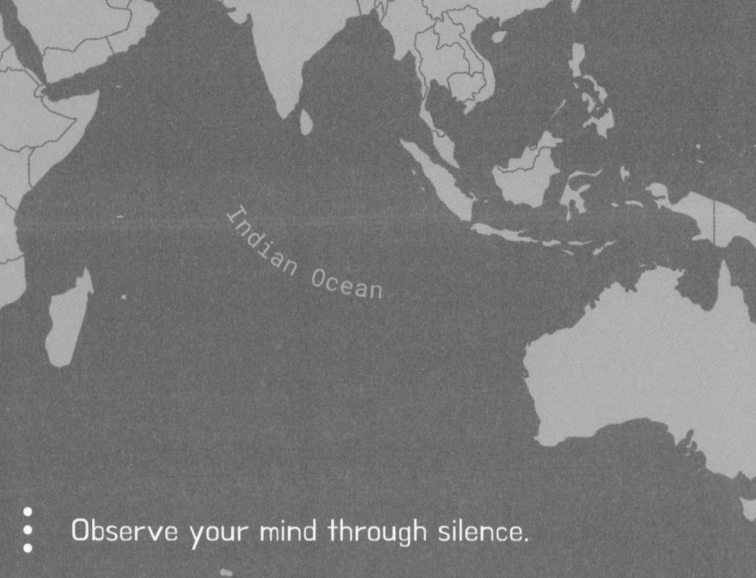

Observe your mind through silence.

Artic Ocean

Ocean

N
W E
S

h Atlantic Ocean

1

우리의 인생을 결정하는 것은 무엇인가?

"무엇이 우리의 인생을 결정하는가?"

이는 내가 제일 처음 가졌던 질문이자 가장 최종적인 질문이다. 인생을 결정하는 가장 중요한 요소가 있는지조차 모르겠지만 만약 그런 것이 있다면 반드시 찾아내 현재의 나락으로 떨어진 나의 인생을 통째로 바꾸어 버리고 싶었다.

"태어나기 전부터 우리의 인생은 이미 결정된 것인가? 그래서 우리의 힘으로는 개척할 수 없는 운명에 의해 이끌려가는 것인가?"라는 질문부터 시작했다. 이미 사주四柱나 운명의 허망함을 경험했던 나로서는 이 질문에 대답은 명쾌히 나왔다. 절대 '아니다'였다.

우리의 인생은 태어나기 전부터 이미 결정되어진 것이 아니다. 우리의 인생은 우리 자신에 의해서 결정되는 것이다. 그렇다면 어떤 요인으로 인해 영향을 받는 것일까?

먼저 유전적 요인부터 검증했다. 내가 가르친 학생 중에 일란성 쌍둥이가 있었다. 이 둘은 우애가 좋았지만, 성격은 전혀 달랐다. 삶의 신념도 다르고 생각하는 것도 달라서 전혀 다른 성향의 인생을 살아가고 있다. 유전적 요인이 인생을 결정하는 중요한 요소라면 이 둘의 삶이 이토록 다른 이유는 없어 보였다. 이 둘을 보면서 유전적 요인은 인생을 결정짓는 요소가 아님을 알게 되었다.

인생을 결정하는 다른 요소를 찾고 있는 와중에 아내와 초등학교 시절 이야기를 하게 되었다. 부모님이 사업에 실패하셔서 반지하 방에서 동생과 둘이서 지냈던 이야기였다.

이야기를 다 듣고 나서 '부모님은 밤늦게야 집에 오시고, 그 시간까지 동생과 둘이서 얼마나 외롭고 쓸쓸했을까?'라는 생각이 들면서 눈물을 글썽였다. "자기 너무 힘들었죠?" 하면서 위로의 말을 건넸는데 아내는 의아한 표정으로 "나 자기가 생각하는 것만큼 힘들지 않았어요. 동생이랑 밖에서 밥도 사 먹고, 군것질도 마음껏 하고 둘이서 재미있게 놀았어요."

이 말을 듣자마자 머리를 얻어맞은 듯 멍해졌다. 내 초등학교 시절도 아내와 같은 상황이 있었다. 공인중개사 자격증을 따러 어머니는 학원에 다니셨고, 아버지는 직장에서 일하시느라 두 분 다 밤이 늦어서야 집에 돌아오셨다. 나는 이 시기를 무척 힘든 시간으로 기억하고 있다. 늦은 밤까지 집에 부모님이 없다는 사실이 나와 동생으로 하여금 외롭고 불안하게 만들었다.

아내와 나는 우연히 같은 상황을 겪었는데 이에 대한 우리의 기억은 전혀 달랐다. 나에게는 그 당시가 외로움과 불안감의 부정적 감정으로 기억된 반면, 아내에게는 자유분방하고 재미있게 놀았던 긍정적 감정으로 기억되고 있던 것이다.

나와 동생의 불안감을 부모님도 눈치채셨고 두 분의 걱정은 커졌다. 결국 공인중개사 자격증을 취득하신 어머니는 자식들을 위해서 외부 활동을 포기하시고 집에 계시기로 결심하셨다. 어렵게 취득한 자격증을 활용하지도 못한 채 자신의 꿈을 접으셔야 했던 것이다. 이에 반해서 아내의 부모님은 자식에 대한 걱정 없이 사업에만 전념하실 수 있었다. 그리고 머지않아 사업 실패를 극복하시고 재기하셨다.

우리 둘에게 일어난 사건은 같았다.
그렇지만, 그 결과는 전혀 달랐다.

왜 달랐을까?
나와 아내가 한 행위가 달랐기 때문이다.
나와 아내의 행위는 왜 달랐을까?
같은 사건에 대해서 가졌던 감정이 서로 달랐기 때문이다.
나는 부정적 감정을, 아내는 긍정적 감정을 느꼈다.

같은 사건에 대해서 느꼈던 감정이 달랐기 때문에 행위가 달라졌고, 행위가 달랐기 때문에 인생의 결과도 달라졌다. 부정적 감정을 느꼈던 나에게는 부정적인 상황으로 결론이 났고,

긍정적 감정으로 느꼈던 아내에게는 긍정적인 상황으로 결론이 난 것이다.

결국, 우리의 인생을 결정하는 가장 중요한 요소는 우리 자신의 감정에 있었던 것이었다.

순간적으로 온몸에 소름이 돋았다. 나의 마음에는 말할 수 없는 기쁨의 환희가 흘러넘쳤다. 그렇게 찾고 싶었던 인생을 결정하는 가장 중요한 비밀요소를 드디어 찾은 것이었다.

내가 지금까지 했던 자기계발이라는 것은 단순한 흉내 내기 같다는 느낌이 강했다. 자기계발을 흉내 내면서 근근이 버텨오고 있다는 나의 불안감이 사라지고, '이제야말로 인생을 제대로 변화시킬 수 있겠구나.'라는 확신이 들었다.

 인생을 결정하는 가장 중요한 요소는
　　　　　우리 자신의 감정이다.

우리의 일상생활에서 가장 조심해야 할 것은

사소한 감정을 어떻게 처리하느냐 하는 문제이다.

　　　사소한 일은 계속 발생하며 그것이 도화선이 되어

　　　큰 불행으로 발전하는 일이 적지 않기 때문이다.

- 알랭 (Alain) -

2

도대체 감정이라는 것이 뭐지?

종교적으로 학문적으로 표현되는 감정의 종류를 먼저 살펴보면 다음과 같다.

유교는 '기쁨, 슬픔, 분노, 사랑, 미움, 욕심, 즐거움'의 총 7가지를, 불교에서는 '기쁨, 슬픔, 분노, 두려움, 사랑, 미움, 욕심, 근심'의 총 8가지를 기본적인 감정으로 꼽는다. 인사이드 아웃Inside Out이라는 애니메이션에서는 '기쁨, 슬픔, 분노, 혐오, 공포'의 5가지를 기본적인 감정으로 묘사하고 있다. 심리학에서는 '기쁨, 슬픔, 분노, 혐오, 공포, 놀람'의 총 6가지를 우리의 기본적인 감정으로 꼽는다. 최근 과학계에서는 사람들에게 있어 총 27가지의 감정이 식별되었다는 연구 결과를 내놓기도 했다. 이처럼 종교적, 학문적으로는 감정을 세분화시켜 분류해 놓았지만 실제 생활 속에서 우리가 인지하는 감정의 종류는 이처럼 세분화되어 있지는 않다.

주위 사람들에게 "지금 기분이 어때?"라고 물어보면 일반적으로 3가지 중의 하나의 답변이 나온다.

"좋아."
"별로야."
"그냥 그래."

'좋아'는 현재의 감정이 좋은 상태임을 표현하는 것이지만 '별로야'는 현재 감정이 나쁜 상태임을 표현하는 것이다. '그냥 그래'는 좋은 상태도 나쁜 상태도 아닌 감정 즉 좋은 감정이나 나쁜 감정이 아님을 표현하는 것이다.

이를 통해서 우리는 사람들이 느끼는 감정의 종류는 '좋은 상태와 나쁜 상태' 2가지에 불과함을 알 수 있다. 실제 생활에서 우리의 감정은 '좋다'와 '나쁘다'의 2가지만을 인지하고 있는 것이다.

좋은 상태의 감정에는 좋아함, 행복, 기쁨, 사랑, 즐거움 등의 의미가 포함되어 있다. 나쁜 상태의 감정에는 슬픔, 분노, 혐오, 미움, 공포, 욕심, 놀람, 두려움, 근심 등의 의미가 포함되어 있다.

구분	긍정적 감정	부정적 감정
심리학	기쁨	슬픔, 분노, 혐오, 공포, 놀람
유학	기쁨, 사랑, 즐거움	슬픔, 분노, 미움, 욕심
불교	기쁨, 사랑	슬픔, 분노, 미움, 욕심, 두려움, 근심

이 이후부터는 '좋은 상태의 감정'을 '긍정적 감정'으로, '나쁜 상태의 감정'을 '부정적 감정'으로 표현하겠다.

> 이성이 인간을 만들어낸다고 하면,
> 감정은 인간을 이끌어 간다.
>
> - 루소 (Rousseau) -

3

감정은 왜 생겼지?

 갑자기 예상치 못했던 공짜 돈이 생긴다면 우리의 기분은 매우 좋아질 것이다. 반면 우리가 열심히 한 일을 주위 사람들이 저평가했다면 우리의 기분은 매우 불쾌해질 것이다.

 우리는 기분이 좋아지고 때로는 나빠지는 것을 충분히 인식한다. 그래서 기분이 좋아질 때는 기쁜 내색을 자제하려고 하고, 기분이 나빠질 때는 이를 감추려고 하는 것이다. 우리가 기분이 좋아짐과 나빠짐을 인식하고 있다는 것은 우리의 의식 속에 감정이 있다는 것을 알려주는 증거이기도 하다.

그렇다면 우리의 감정은 왜 생기게 된 것일까?

막 태어난 아기도 배가 고픈 자신의 의사를 전달해야 한다. 그러나 이 시기는 언어를 통한 대화가 불가능하기 때문에 의사소통의 방법으로 감정을 사용할 수밖에 없다. 배가 고파도, 몸이 아파도, 기저귀를 갈고 싶어도, 졸려도 아기는 울음이라는 감정을 사용해서 자신의 의사를 전달하려고 한다. 그래서 언어를 통한 대화가 불가능한 6세 이전까지는 오로지 감정만으로 의사소통을 할 수밖에 없다. 그렇다 보니 태어나서 6세까지 뇌의 기능에서 감정을 담당하는 부분이 우선적으로 발달하게 된다. 그리고 6세 이후부터는 간단한 언어적 표현이 가능해지면서 전보다는 감정을 통한 의사소통이 줄어들게 된다. 하지만 여전히 세밀하고 섬세한 언어적 표현에는 한계가 있기 때문에 뇌의 기능에서 감정을 담당하는 부분은 12세가 될 때까지는 계속해서 발달하게 된다.

그러다가 언어를 통한 대화가 본격적으로 가능해지는 12세부터는 뇌의 기능에서 사고나 생각을 담당하는 부분이 본격적으로 발달하기 시작한다. 즉 언어적 대화가 본격적으로 가능해지면서 감정을 통한 표현이 불필요해지는 것이다. 우리가 자신의 의사를 대화가 아닌 감정으로 표시하는 사람에게 "애처럼 굴지 말라."고 말하는 것은 이에 근거를 둔 것이다.

최근 연구에 따르면 신생아의 울음소리가 엄마의 모국어의 억양과 같다는 것을 발견했다. 독일 아이는 독일식 억양으로 울었고, 프랑스 아이는 프랑스식 억양으로 울었다. 이는 의사소통을 하려고 감정을 사용한다는 것을 입증하는 중요한 증거이기도 하다. 이처럼 우리의 감정은 의사소통을 위해서 생긴 것이다.

> 요즘 들어 언어에 대한 조기교육이 확대되고, 매체를 통한 언어습득의 기회가 많아지고 방법도 다양해지면서 6세 이전에 간단한 언어적 표현이 가능한 아이들이 많아졌다. 그렇다 보니 6세라는 기준은 절대적인 것이라고는 할 수 없다. 그럼에도 6세를 기준으로 하는 것은 과학계의 연구 결과를 그대로 인용하다 보니 생긴 기준일 뿐이다. 개개인에 따라 그 기준이 달라질 수 있음을 미리 밝힌다.

4

사용하는 단어와 감정의 관계는?

'좋아한다, 사랑한다, 싫어한다, 미워한다, 더럽다'처럼 단어만 들어도 말하는 사람의 감정이 공감되는 단어가 있다. 이러한 단어를 '감정을 표현하는 단어'라고 한다. 우리가 감정을 공감할 수 있는 이유는 이 단어를 사용하는 구성원들 간의 약속이 있었기 때문이다. '사랑한다'는 단어는 긍정적 감정을 가지는 것으로, '더럽다'라는 단어는 부정적 감정을 가지는 것으로 이미 약속이 되어 있다.

오랜만에 만난 사람에게 "더럽the love."이라고 인사를 했다. 나의 인사를 '더럽다.'라고 들었다면 짜증이 나면서 부정적인 감정이 생기게 될 것이다. 하지만 '러브, 사랑'의 뜻으로 들었다면 긍정적인 감정이 생길 것이다. 이처럼 단어만 들어도 감정이 생기게 되는 것이다.

이러한 '감정을 표현하는 단어'는 다양하다. 어떤 단어는 우리에게 더 강력한 감정을 느끼게 해준다. 이러한 단어를 사용하게 되면 더욱더 풍부하고 강력한 감정을 전달할 수 있다.

"돈이 많아서 좋다."라는 표현 대신에 "돈이 많아서 환상적이다."라는 표현을 사용하면 더 많은 돈을 소유하고 있다고 느끼게 하는 것과 동시에 돈에 대한 설레는 감정마저 느낄 수 있다. '좋다'라는 단어를 '환상적이다, 황홀하다, 감정을 주체할 수 없다'라는 단어로 바꾸게 되면 대상에 대한 긍정적 감정이 더욱 강렬해진다.

하지만 '자동차, 개'처럼 단어만 들어서는 말하는 사람의 감정이 공감되지 않는 단어도 있다. 이러한 단어를 '감정을 표현하지 않는 단어'라고 한다. 이러한 단어가 감정을 표현하지 못하는 이유는 구성원들 간의 약속이 없기 때문이다. 이런 단어를 듣고 말하는 사람의 감정이 공감되기 위해서는 단어가 아닌 '말하는 사람의 행동, 태도나 대화의 상황 등'을 종합적으로 파악해야 한다.

"자동차에 부딪혀서 다쳤다."고 말하는 사람은 부정적 감정으로 자동차를 표현하는 것이고, "새 자동차를 구매했다."고 말하는 사람은 자동차에 대해서 긍정적 감정으로 표현하고 있는 것이다.

'가난, 부' 또는 '있다, 없다'의 단어도 '감정을 표현하지 않는 단어'이다. 기존의 자기계발서 중에는 '가난 또는 없다'라는 단어는 부정적 감정을 표현하고, '부 또는 있다'라는 단어는 긍정적 감정을 표현한다고 말하고 있다. 과연 그러할까?

C 씨는 자신이 벌어들인 돈이나 부를 자랑삼아 이야기하고 다녔다. 이때만 해도 C 씨는 '돈, 부'라는 단어를 긍정적 감정으로 사용한 것이다. 그러다 재산 문제로 자식들이 심하게 싸우다 못해 남처럼 지내는 것을 보면서 돈이나 부에 대한 한탄을 늘어놓기 시작했다. C 씨에게 이 순간만큼은 '돈, 부'라는 단어

를 부정적 감정으로 사용한 것이다.

10대 초반에 F 씨는 코에 있는 점을 빼고 싶었다. 코에 점이 있는 것이 지저분해 보였기 때문이다. 이때만 해도 F 씨에게 '있다'는 단어는 부정적 감정을 내포하고 있었다. 그런데 성인이 되고 나서 코의 점이 매력적이라는 소리를 듣게 되었다. 코에 있는 점이 자신의 매력 포인트로 느껴지면서 점을 빼지 않기로 했다. F 씨에게 '있다'라는 단어의 감정이 긍정적 감정으로 바뀌었다.

이처럼 '돈이나 부, 있다'라는 단어는 상황에 따라 부정적 또는 긍정적 감정을 모두 표현하는 단어로 사용된다. '가난, 없다'라는 단어도 같은 논리로 상황에 따라 부정적, 긍정적인 표현으로 사용된다. 이런 이유로 '가난, 부' 또는 '있다, 없다'는 단어는 감정을 표현하지 않는 단어로 보아야 한다.

나도 한때에는 '없다'라는 단어가 부정적 감정을 표현한다고 생각했다. 그래서 '돈이 없다'는 말은 돈에 대한 부정적 감정을 표현하는 것으로 돈에 대한 부정적 상황 즉, 결핍의 상황이 발생활 것이라 생각했다. 즉, 가난한 사람들이나 "돈이 없다."라는 표현을 사용하지, 부자들은 이런 표현을 사용하지 않을 것이라고 생각했었다.

부자들에게 "요즘 돈을 많이 버셨다 들었습니다."라고 물어보면 웃으면서 "에이 말만 그런 거지 돈 없어요. 없어."라고 손사래를 친다. 이처럼 "돈이 없다."라는 표현을 서슴없이 하는 것을 보고 의아해했었다.

"돈이 없다."는 표현을 가난한 사람도 부자도 사용하는데 누구는 돈을 많이 벌고, 누구는 돈이 없다는 사실을 그 당시로는 설명할 길이 없었다.

그런데 조금 더 대화해보면 가난한 사람과 부자들의 차이점을 극명하게 알 수 있게 된다. 가난한 사람들은 내면 깊숙이 많은 돈이 불행을 수반할 것이라는 돈에 대한 의심과 적대감을 갖고 이야기한다. 반면 부자들은 돈 버는 자체의 즐거움이나 돈이 주는 행복함에 관해 이야기한다. 한 번도 부자들로부터 돈에 대해서 적대감을 표시하는 단어를 들어본 적이 없다.

> '없다'라는 단어는 '감정을 표현하지 않는 단어'이기 때문에 '말하는 사람의 행동, 태도나 대화의 상황 등'을 종합적으로 파악해야 한다. 부자가 "돈이 없다."라고 하는 말은 진정으로 돈이 부족하다는 의미로 하는 말이 아니다. 돈은 있지만 빌려주고 싶지 않다는 완곡한 표현이다. 대신에 가난한 사람이 "돈이 없다."라고 하는 말은 진정으로 돈이 부족하다는 의미로 사용되어 진다. "돈이 없다."는 같은 표현을 사용함에도 부자는 풍요로움의 감정으로 표현함에 반해 가난한 사람은 빈곤의 감정으로 사용한다.

'감정을 표현하는 단어'와 '감정을 표현하지 않는 단어'가 있다는 사실과 이러한 현상을 연구하다 보니 '없다'는 단어는 부정적 감정을 표현하는 것이 아니라는 사실을 알게 되었다.

부자들은 왜 돈에 대한 부정적 감정의 단어를 사용하지 않을까?

인생에 대해 부정적 감정을 가지면 인생에 대한 부정적 상황이 발생하듯이 돈에 대해서 부정적 감정을 가지면 돈에 대한 부정적 상황. 즉, 돈의 결핍이 발생한다는 것을 무의식 속에서 알고 있는 것이다. 그런 이유로 돈에 대한 부정적 감정의 단어를 사용하지 않으려고 하는 것이다.

이처럼 부정적 감정의 단어를 사용하지 않으려면, 어떤 단어가 부정적 감정의 단어인지를 먼저 알아야 한다. 이것이 '감정을 표현하는 단어'와 '감정을 표현하지 않는 단어'를 구분할 줄 알아야 하는 이유이다.

옛날의 나는 '없다'라는 말이 부정적 감정을 가지는 단어라고 잘못 알고 있었다. 그래서 '돈이 없다'라는 말을 해서는 돈을 정말로 벌 수 없다고 생각했다. 심지어 돈을 빌려달라는 부탁을 받아도 '돈이 없다'는 말을 하지 못해 거절하지 못했다. 지금 생각하면 참으로 어리석었다.

평생 동안 기도하는 말이
"감사합니다."라는 말 뿐이라면
그것으로 충분하다.

- 마이스터 에크하르트 (Meister Eckhart) -

5

감정이 있는 정신세계는 어떻게 구성되어 있지?

 우리의 정신세계는

의식과 무의식으로 구성되어 있다.

'의식Consciousness'이란 '생각을 통해 아는 것'으로 어떤 작용에 대한 우리의 '인식이 미치는 것'을 말한다.

그렇다면 의식적 행위란 우리의 행위 중에서 생각을 통해 알면서 하는 행위를 말하는 것이다. 음식점에 들어가서 메뉴판을 찾고, 선택한 음식을 주문하는 행위 따위가 여기에 속한다 할 수 있다.

의식적인 감정이란 우리의 감정 중에서 생각을 통해 알게 되는 감정을 말한다. 바퀴벌레를 처음 본 사람이 모양이 징그럽다는 생각을 하게 되거나, 습성이나 서식지를 알면서 지저분하다는 감정이 생기는 것이 바로 의식적인 감정이라 할 수 있다.

> 의식이란 단어는 한문으로 '意識'이라고 표시한다. '意'라는 것은 '생각'이라는 뜻을, '識'은 '안다'는 뜻을 나타낸다. 그래서 의식의 한문적인 풀이는 '생각을 통해 안다'는 것을 말한다. 의식이란 단어는 영어로는 'consciousness'라고 표시한다. 'sci'라는 것은 '안다'는 뜻을 가진 어원이다. 그래서 의식의 영어적인 풀이는 '안다'는 것을 말한다. 최종적으로 한문과 영어의 의미를 종합하면 의식이란 '생각을 통해 안다'란 뜻이 된다.

'무의식Unconsciousness'이란 우리의 정신 중에서 '생각을 통해서 알지 못하는 것'을 말한다. 의식의 밑에 자리를 잡고 있어 생각을 통해서도 알지 못한다는 의미로 '하의식Subconsciousness'이라고도 한다. 결론적으로 무의식이란 의식 밑에 잠재되어 있어서 우리의 생각을 통해서도 알지 못하는 것을 말한다. 정신과 의사인 칼 구스타프 융Carl Gustav Jung은 이러한 무의식에 대해서 "우리 모두의 내면엔 우리가 모르는 또 하나의 자신이다."

라고 표현했다.

그렇다면 무의식 속 행위란 우리의 행위 중에서 생각할 겨를도 없이 일어나는 행위를 말하는 것이다. 주문한 음식을 입으로 넣는 행위, 입으로 음식을 씹는 행위, 씹은 음식을 목으로 넘기는 행위가 여기에 속한다.

무의식 속 감정이란 우리의 감정 중에서 생각을 통해서도 알지 못한 채로 표출되는 감정을 말한다. 바퀴벌레를 보자마자 놀라서 비명을 지르고 피하는 것이 우리의 무의식 속 감정이 표출된 것이라 할 수 있다.

그렇다면 이러한 무의식 속 감정은 어떻게 형성되었을까?
바퀴벌레에 대해 우리의 의식에는 징그럽고 지저분하다는 부정적 감정이 형성되어 있었다. 이렇게 형성된 의식적인 감정이 바퀴벌레를 보는 순간 비명을 지르고 피하는 행위로 표출된 것이다. 즉 어느 순간에 무의식 속 감정이 되어 버린 것이다.

이것만 봐도 무의식 속 감정이란 우리의 의식 속에 있던 감정이 의식이 미치지 못하는 내면에 그대로 자리를 잡은 것이라 할 수 있다. 결국 의식적인 감정이 존재하는 이상 무의식 속 감정이라는 것도 존재할 수밖에 없다. 그리고 이러한 무의식 속 감정은 우리의 의식적인 감정과 동일할 수밖에 없다.

> 무의식이란 단어는 의식하지 못한다는 의미에서 영어의 인식이라는 단어 'consciousness'에 부정의 뜻인 'un'을 붙여서 'unconsciousness'라고 명칭하기도 하고, 의식 밑에 있다고 해서 'consciousness'에 아래의 뜻인 'sub'를 붙여서 'subconsciousness'라고 명칭하기도 한다. 한문에서는 의식이라는 단어 '意識'에 없다는 뜻인 '無'를 붙여서 '無意識무의식'이라고 명칭하기도 하고, 의식 밑에 있다고 해서 '意識'에 아래의 뜻인 '下'를 붙여서 '下意識하의식'이라고 명칭하기도 한다.

음식점에서 메뉴판을 찾고, 음식을 주문하는 행위는 기껏해야 약 1분 정도의 시간이 소요된다. 그에 반해 식사하는 과정은 대략 20분 정도 걸린다. 두 행위를 하는 데 소모되는 시간을 비교해 보아도 무의식 속 행위가 의식적 행위보다 월등히 많은 시간을 소모하고 있다.

바퀴벌레를 보기만 해도 놀라서 비명을 지르고 피하는 행위는 물체에 대한 의식적인 판단이나 감정보다 먼저 나타난다. 무의식 속 감정의 표현이 의식적인 감정보다 우선하기 때문에 무의식 속 감정이 우리 자신의 감정으로 남들에게 인식된다.

정신분석의 창시자인 프로이트Sigmund Freud는 이런 우리의 정신세계를 보면서 "의식이 차지하는 비율은 10% 이하에 불과하고, 나머지 90% 이상은 무의식이 차지하고 있다."라고 말했다. 이는 우리의 생활 90% 이상이 무의식에 의해서 영향을 받는다는 말이기도 하다.

인생을 결정하는 가장 중요한 요소인 감정은 우리의 의식에도 있고, 무의식 속에도 있다. 우리의 정신세계 90% 이상을 무의식이 차지하기 때문에 무의식 속 감정이 우리의 인생을 결정하는 가장 중요한 요소가 된다.

 결론적으로 우리의 인생을 결정하는 감정은
　　　　　바로 무의식 속 감정이다.

정신이란 빙산과 같습니다.
정작 보이는 것은 1/7도 안되지요.

- 프로이트 (Sigmund Freud) -

6

무의식 속 감정이
어떻게 우리의 인생을 결정짓는가?

상식으로 설명하기에는 한계가 있다

우리의 무의식 속 감정이 분노, 화, 의심, 불안감, 두려움을 떨쳐버리고 고요하고 평온한 상태라면 우리는 일상생활에서 한결같은 평정심을 유지할 것이다.

이런 마음 상태에서 우리가 하는 말에는 친절함과 상냥함이 묻어있고, 상대방은 우리를 진심으로 신뢰함과 동시에 감사하다고 느낄 것이다. 이렇게 살아가는 것 자체만으로도 우리의 인생이 바뀔 수 있는 충분한 동기는 될 수 있다.

하지만 이것만으로는 '무의식 속 감정'이 '인생을 결정하는 가장 중요한 요소'라고 말하기에 부족함이 있다. 특히나 돈에 대한 적대적 감정을 가지는 사람들이 가난한 삶을 사는 이유와 돈을 버는 자체를 즐거워하는 사람들은 더 많은 돈을 버는 상황을 설명할 수는 없다.

모든 물질은 에너지이다

물리학자들이 세상의 모든 물질을 그 형체와 크기에 상관없이 쪼개고 쪼개면 '전자'라는 아주 작은 단위로 나누어진다는 사실을 밝혀냈다. 반대로 말해 전자라는 아주 작은 단위들이 모여서 물질이라는 형태를 이루게 된 것이다. 사람도 역시 이러한 전자의 집합체라 할 수 있다.

이러한 전자는 형체가 없는 단순한 에너지에 불과하다. 그렇다 보니 물리학자들은 물질이란 에너지들이 어떤 현상을 통해서 결합된 외형에 불과하다고 정의 내리고 있다.

에너지라는 것은 자신만의 고유한 주파수_{진동수라고도 부른다}를 가지고 있다. 그렇다는 것은 이 세상의 물질들은 하나의 예외도 없이 자신만의 고유한 주파수를 가지고 있다는 것이 된다. 사람들도 역시나 고유한 주파수를 가지고 있다.

우리의 주파수는 감정에 따라 바뀐다

핀란드의 연구팀은 감정에 따른 사람의 신체 온도가 어떻게 변화하는지를 연구했다. 사람의 감정이 행복함을 느낄 때에는 몸의 온도가 상승하면서 신체의 주파수가 노란색과 빨간색으로 표시되지만, 우울함을 느낄 때에는 몸의 온도가 떨어지면서 신체의 주파수가 변화되어 하늘색과 파란색으로 바뀌는 것을 확인했다. 감정에 따라 몸의 온도가 상승하거나 떨어지게 되는 것은 우리의 뇌가 감정을 감지해 특정 신호를 몸에 보내기 때문이라는 것이 연구 결과 밝혀졌다.

이러한 핀란드의 연구 결과는 2가지의 중요한 점을 알려주고 있다.

첫 번째는 사람의 주파수는 감정에 따라 생긴다는 것이다.

우리는 감정을 긍정적 감정과 부정적 감정으로 인지한다. 이러한 감정에 따라 '긍정의 주파수', '부정의 주파수'가 발생한다. 우리가 긍정적 감정을 가지고 있으면 '긍정의 주파수'가 만들어지지만, 부정적 감정을 가지고 있으면 '부정의 주파수'가 만들어진다.

두 번째는 감정이 바뀌면 주파수가 바뀐다는 것이다.

우리가 긍정적 감정을 가지고 있다가도 부정적 감정으로 바뀌게 되면 긍정의 주파수가 부정의 주파수로 바뀌게 된다. 반대로 부정의 주파수도 긍정의 주파수로 바뀌게 된다.

끌어당김의 법칙

주파수는 각자의 에너지 진동을 통해 외부로 전달한다. 이러한 진동은 자신과 같거나 유사한 다른 진동에 반응하는 독특한 습성을 가지고 있다. 같거나 유사한 진동들이 모여서 파장이 일치되는 순간에 더 큰 진동이 일어나게 된다.

이러한 진동의 습성을 우리는 공명Resonance이라고 한다. 공명을 통해서 더 큰 에너지를 가진 주파수가 발생하게 되는 것이다.

> 공명이란 고유 진동수와 같은 진동수가 주기적으로 전달되면 큰 주파수가 발생하는 현상을 말한다.

이러한 공명의 힘을 보여주는 '타코마 현수교 사건'이 있다. 미국 워싱턴의 타코마 해협에 건립된 현수교는 최악의 강풍에도 견딜 수 있도록 설계되었다. 그토록 튼튼한 현수교이지만 별다른 이유 없이 붕괴되어 버렸다.

이 미궁의 붕괴 사건의 이유를 밝히기 위해 연구진들이 대거 투입되었다. 현수교의 붕괴 원인은 믿을 수 없게도 '산들바람'이었다. 현수교에 부는 산들바람의 진동의 주파수와 현수교의 주파수가 일치하면서 공명작용을 일으켰고 현수교를 무너뜨릴 정도의 커다란 진동이 되어버린 것이다.

이런 진동의 습성 때문에 같거나 비슷한 주파수끼리는 서로 끌어당긴다. 이런 특성 때문에 같거나 비슷한 주파수를 가진 물질이나 사람은 모이려는 경향이 생긴다. 일이 갈수록 꼬이기만 하는 경우를 말하는 머피의 법칙Murphy's law은 같거나 비슷한 주파수를 가진 물질끼리 서로 끌어당기고 있는 현상이다. 생각이나 가치가 비슷한 사람들끼리 어울리는 유유상종類類相從은 같거나 비슷한 주파수를 가진 사람에게 친근감을 느껴서 서로 끌어당기고 있는 현상이다.

이런 모든 현상이 끌어당김Pull-in이다.

끌어당김을 통해서 다가오는 것들

우리의 무의식 속 감정이 긍정적이라면 '긍정의 주파수'가 만들어진다. 이러한 '긍정의 주파수'가 만든 긍정의 에너지는 진동을 통해서 외부로 전달된다.

반대로 무의식 속 감정이 부정적이라면 '부정의 주파수'가 만들어지고 부정의 에너지는 진동을 통해 외부로 전달된다.

활기차고 긍정적인 사람과 몇 마디의 대화만 나누어도 생기가 돌고 의욕적인 마음이 생기는 것은 그 사람의 긍정 에너지가 나에게 전달되었기 때문이다. 반대로 어둡고 비관적인 사람을 만나면 가슴이 답답하고 짜증이 나서 말도 하기 싫어지는 것은 그 사람의 부정 에너지가 나에게 전달되었기 때문이다.

돈에 대한 우리의 무의식 속 감정이 적대적인 부정적 감정이라면 당연히 돈을 벌 수 있는 상황이 끌어당겨지지 않는다. 빈곤이나 궁핍의 상황이 끌어당겨질 뿐이다. 따라서 돈에 대한 적대감을 가진 사람들은 가난해질 수밖에 없다.

반대로 돈에 대한 무의식 속 감정이 즐거움과 행복함의 긍정적 감정이라면 돈을 벌 수 있는 상황을 끌어당기게 된다. 풍요나 경제적 자유가 실현될 수밖에 없다. 돈 버는 것 자체를 즐거워하고 행복해하는 사람들은 부자가 될 수밖에 없다.

정신 차려

우리의 인생이 어둡고 절망 속으로 빠져 있다면 이것은 누구의 잘못 때문이 아니다. 우리 자신의 무의식 속 감정이 만든 상황이다.

하지만 사람들은 이 사실을 인정하고 싶어 하지 않는다. 이 모든 상황이 나 자신의 감정 때문에 만들어졌다고 인정하는 순간 자신이 너무나 한심하고 비참하게 느껴지기 때문이다. 그래서 항상 원망의 대상을 찾는다. 그리고 그 사람 때문에 이 모든 것이 일어난 것처럼 말한다.

이런 사람을 위해서 우리가 해주는 충고가 무엇인지 아는가?

바로 "정신 차려."라는 말이다.

이 말은 현재 상황을 바꿀 수 있는 유일한 방법이 우리 자신에게 있다는 것을 알려주는 것이다. 그리고 그 유일한 방법이 침울하고 우울한 어둡고 절망적인 우리의 감정을 끊어내야 비로소 가능한 것임을 알려주는 것이다.

우리는 이미 다 알고 있었었다.

✦ 현재의 상황을 만드는 것도 우리 자신이고,
　이 상황을 바꿀 수 있는 것도 우리뿐임을 이미 알고 있다.

만일 당신이 정말 좋아하고 흥분되는 어떤 일을 하고 있다면,

더 노력해야 한다고 억지로 밀어붙일 필요는 없습니다.

바로 그 일이 주는 비전이 당신을 끌어 당길테니까요.

- 스티브 잡스 (Steve Jobs) -

7

우리의 감정은 어떻게 생기는 것일까?

6세 이전

6세 이전에는 뇌의 기능에서 감정적 기능만이 발달하는 시기이다. '옳다, 그르다'식의 사고나 생각의 판단이 거의 없다. 그렇다 보니 자신이 보고, 경험한 것 등의 정보를 전부 감정으로 바꿔서 받아들인다.

> 심리학에서는 3세까지 약 60%, 6세까지 약 95% 가까이 감정이 형성된다고 한다.

6세 이전에 아이들의 입장에서 부모라는 존재는 배가 고플

때 배고픔을 해결해주고, 졸릴 때 재워주고, 주위의 위험으로부터 보호해주는 절대적인 존재로 인식된다. 부모에 대한 모든 정보를 인생 최고치의 긍정적 감정으로 받아들이게 된다.

그렇다 보니 이 시기에 아이들은 부모의 외모를 자신의 이상형으로 느끼게 된다. 그런 이유로 "나는 커서도 엄마, 아빠와 같이 살 거야."라고 말을 하는 것이다. 또한 부모의 말투나 행동이 너무 좋아 보여서 자꾸만 따라 하게 된다.

또한 부모의 말은 절대적인 것으로 인식한다. 부모가 "장난감을 치워야지."라고 말을 하는 순간에 바로 정리를 한다. 이런 모습을 보면서 부모들은 '우리 자식은 정말로 착해. 엄마, 아빠 말을 참 잘 들어.'라고 생각하게 된다. 뇌 과학 연구에 따르면 자식이 부모의 행동이나 말투를 따라 하는 현상이 이때부터 시작된다고 한다.

판단이 없는 시기에 감정으로만 느낀 정보는 감정 자체로 강렬하게 기억된다. 그리고 이 감정들은 그대로 무의식 속 감정이 되어 버린다. 우리나라 속담 중에 "세 살 버릇이 여든까지 간다."는 말은 이 시기에 형성된 무의식 속 감정이 우리에게 얼마나 강렬하게 각인되는지를 보여주는 것이다.

내가 가르친 일란성 쌍둥이는 태어났을 때부터 대학교까지 떨어져 생활해 본 적이 없었다. 같은 부모와 환경 속에서 자랐음에도 불구하고 이 둘의 성격은 전혀 달랐다.

같은 부모와 환경에서 자랐음에도 이 둘의 성격은 어떻게 다를 수 있을까?

이 둘을 대하는 부모의 태도가 달랐기 때문이다.
일란성 쌍둥이였지만 일찍 나온 한 명은 형이 되었고, 다른 한 명은 동생이 되었다. 부모님은 자연스럽게 형과 동생으로 구분해서 이 둘을 대했다.

형과 동생으로 역할을 구분해가며 형은 동생을 돌보고, 동생은 형을 따르도록 가르쳤다. 어떤 일을 할 때에는 으레 부모님은 형부터 챙겼다. 세밀하게 들여다보면 같은 환경이라고 볼 수 없을 정도의 차이점이 존재했다.

개개인에 따라 감정이 성장하는 시기가 다르고, 느끼는 감정의 섬세함이 다를 수 있다는 점이 추가적인 변수가 된다. 이런 여러 가지 차이 때문에 일란성 쌍둥이조차 서로 다른 성격을 갖게 된 것이다.

6세 이후

6세 이후부터는 '옳다, 그르다'식의 단편적인 사고나 생각을 할 수 있게 된다. 그렇다 보니 자신이 보고, 경험한 것 등의 정보를 자신의 사고적 판단으로 간단하게 해석한 후에 받아들이게 된다. 이때부터 자신의 주관적 의사가 개입된 감정이 발달하는 것이다.

이 시기에 아이들은 이상적 외모를 자신의 판단으로 결정한다. 더 이상 부모의 외모는 이상형으로 느껴지지 않는다. 또한 부모의 말투나 행동도 무조건 따라 하지 않는다. 싫은 것은 싫다고 표현하고 거부하기 시작한다.

또한 부모의 말은 더 이상 절대적인 것이 아니다. 자신의 생각으로 따를지 여부를 판단한다. "장난감을 치워야지."라는 부모의 말에 '더 놀아야지.'라고 판단했다면 "나중에 치울게요."라고 하면서 바로 장난감을 정리하지 않을 것이다. 아이의 바뀐 태도에 말을 듣지 않는다며 속상해할 것이다. '미운 7살'이라는 말은 이런 속상한 마음을 대변하는 말이다.

6세 이후에 생기는 이 같은 감정은 자신의 주관적 의사에 따른 판단에 의해서 생겨난 감정이기 때문에 의식적 감정에 해당한다. 이 경우에 6세 이전에 '무의식 속 감정이 이미 형성되어 있는 경우'와 '무의식 속 감정이 형성되어 있지 않는 경우'로 구분해서 살펴보아야 한다.

먼저 6세 이전에 무의식 속 감정이 이미 형성되어 있는 경우에는 의식적 감정으로 이를 바꾸기가 어렵다. 6세 이전에 이상형과 6세 이후에 바뀐 이상형이 대표적인 예이다. 이 부분에 대해서는 뒤에서 자세히 설명하겠다.

6세 이전에 무의식 속 감정이 형성되지 않는 경우가 있다. 이런 경우에는 6세 이후에 설정된 의식적 감정은 바로 무의식 속 감정으로 자리 잡는다. 이 현상은 우리가 어른이 되어서도 마찬가지로 적용된다.

27살이 되기 전까지 나는 주식투자에 대해서 들어본 적도 생각해 본 적도 없었다.

몇 년간 벌어둔 돈을 주식투자로 한순간에 잃은 사람을 보면서 주식에 대한 부정적 감정을 가지게 되었고, 이 때문에 주식은 나의 무의식 속에서 부정적 감정으로 남게 되었다.

> 6세라는 기준은 개개인에 따라 달라질 수 있는 것이며 절대적인 기준은 아니다. 뇌과학자들의 연구 결과를 바탕으로 순수한 감정 그 자체만이 형성되는 6세 이전과 간단한 언어적 표현이 가능해서 사고나 생각의 판단이 생기는 6세 이후로 나누어 살펴보았다.

어린 시절이 행복한 사람이
평생 행복합니다.

- 토머스 풀러 (Thomas Fuller) -

무의식 속 감정은 왜 부정적일까?

사람의 감정 70%가 부정적 감정이다

유교, 불교, 심리학에서 꼽은 사람의 기본적 감정을 긍정적 감정과 부정적 감정으로 분류해 보면 슬픔, 분노, 혐오, 공포, 미움, 욕심 등의 부정적 감정이 전체 감정 중에서 무려 70% 이상을 차지한다. 부정적 감정의 비율이 높다는 것은 사람이 부정적 감정을 더 많이 느낀다는 것을 보여주는 것이다.

우리는 왜 부정적 감정을 더 많이 느끼는 걸까?

그 이유는 우리의 무의식 속 감정에 부정적 감정이 많기 때문이다.

우리의 무의식 속 감정에는 왜 부정적 감정이 많은 것일까? 부모의 걱정으로부터 영향을 받아 부정적 감정이 만들어진다. 아이 때에는 식탁에만 올라가도, 끓는 물 옆에 있는 것만으로도 부모는 "위험하다. 안 된다. 오면 안 돼. 하지 마라. 조심해."라며 깜짝 놀란다. 이러한 표현을 하는 부모의 마음을 이해하지 못한 채로 아이는 상당한 부정적 감정만을 느끼게 된다.

아이가 다쳤던 적이 있었거나 외동인데 몸이 약하다면 부모의 걱정은 더욱 많아질 것이다. "너무 위험하다. 절대 하면 안 돼. 진짜 조심해."라며 강력한 표현으로 아이의 행동에 주의를 줄 것이다. 그것도 하루 종일 쫓아다니면서 지속적으로 할 것이다. 이런 아이는 강력한 부정적 감정을 느끼게 될 것이다.

우리는 이 시기에 부모의 사랑과 보살핌을 모자람이 없이 받게 된다. 부모의 사랑과 보살핌 속에서 따스함, 기쁨, 사랑, 즐거움의 긍정적 감정을 느끼게 된다. 그런데 아이러니하게도 동시에 위험성, 두려움, 불안함 등의 부정적 감정을 집중적으로 느끼게 되기도 한다.

부모님의 이야기를 들어보면 "애를 돌보는 일이라는 게 온종일 쫓아다니면서 '안 돼. 안 돼.' 하며 말리는 게 전부예요."라고 한다. 이런 이유로 아이들은 부정적 감정을 집중적으로 배우게 된다. 즉 이 시기에 부정적 감정이 압도적으로 발달할 수밖에 없다.

이렇게 압도적으로 발달한 부정적 감정은 우리의 무의식 속 감정으로 자리를 잡게 된다. 그렇기 때문에 우리의 무의식 속 감정에는 부정적 감정이 많은 것이다.

그렇다 보니 성인이 되어서도 우리의 감정은 긍정적 감정보다 부정적 감정이 먼저 움직이게 된다. 그래서 우리는 위험성, 두려움, 불안감의 감정으로 어떤 일을 바라보게 되는 것이다.

100층 높이에서 안전장비 없이 서 있다는 말을 들었을 때, '보이는 경치가 너무 멋지지 않아? 말만 들어도 흥분된다. 그런 경치를 감상할 수 있는 것은 행운이야.'라는 생각이 드는가? 아니면 '위험해. 떨어지지 않게 조심해.'라는 생각이 먼저 드는가?

우리는 '위험하니 조심해.'라는 생각이 먼저 떠오른다. 왜냐하면 높은 곳에 대해 우리의 무의식 속 감정이 부정적 감정으로 인식되어 있기 때문이다.

가정이 불안감을 준다면 부정적 감정이 만들어진다.
결혼을 한 지 얼마 안 된 부부간에는 잦은 충돌이 생긴다. 서로 살아온 환경이 다르고, 생각이 다르다. 게다가 여러 가지 집안의 문제들이 생기면서 이에 대한 피로도가 쌓이게 된다. 서로 간의 이해와 배려가 없다면 부부간의 다툼이 생기게 되고 어렵지 않게 싸움으로까지 번지게 된다.

이런 상황도 좋지 않지만, 그 때문에 아이가 무관심 속에 방치되거나 부모로부터 학대를 받게 되는 진짜 최악의 상황이 발생한다면 그 아이에게 있어 가정은 불안감을 주는 장소로 변하게 된다.

가장 안정적인 장소로 인식되어야 할 가정이 불안감을 주는 장소로 인식되어 버리는 순간, 아이에게 집은 더는 편안한 장소가 아니다. 아이는 집에 있어도 늘 불안해하고 두려움을 느낀다. 이런 상황에서 받아들이는 정보는 전부 부정적 감정으로 받아들이게 된다. 그리고 이러한 감정은 우리의 무의식 속 부정적 감정으로 강하게 자리 잡게 된다.

사고나 생각의 판단이 없기 때문에
감정의 충격이 상당하다

5살이 된 내 동생과 7살인 나는 마당에서 병아리를 키웠다. 동생은 병아리를 무척이나 이뻐했다. 아침에 일어나면 자기 아침밥보다도 제일 먼저 병아리들 모이부터 챙겼다. 이렇게 키운 병아리들이 닭이 되자마자 음식이 되어 식탁에 올라왔다.

할머니가 몸보신하기 위해서 닭을 잡으신 것이다. 이를 식탁에서 본 동생은 너무도 큰 충격을 받아서 엉엉 울었다. 동생처럼 울지는 않았지만 나 또한 충격을 받아 한 입도 먹지 못했다. 그 뒤로 나는 성인이 될 때까지 닭요리를 전혀 먹을 수 없었고, 내 동생은 지금까지도 닭요리를 일체 먹지 못한다.

지금 그때 상황을 생각해보면 놀랄 일도 아니었다. 애완동

물로 닭을 키우지 않는 이상에는 언젠가는 잡아먹었을 것이다. 하지만 5살인 동생은 사고와 생각의 판단이 거의 없는 시기였다. 그렇다 보니 정신적 충격을 해소할 수 있는 판단 자체가 불가능했다. 이 사건 이후로 동생의 무의식 속에는 '닭요리'에 대한 부정적 감정이 너무도 깊이 자리 잡게 되었다.

기존의 부정적 감정 때문에
새로운 부정적 감정이 만들어진다

여러 가지 이유로 무의식 속에 상당할 정도의 부정적 감정이 있는 사람은, 사물이나 사건에 대해서 아름답고 사랑스러운 사고와 생각을 할 것이라 기대되지 않는다.

우리에게 기적 같은 일이 생겨서 사고의 전환이 일어나지 않는 이상 현재의 무의식 속 부정적 감정은 우리의 인생에 지속적으로 영향을 미칠 것이다. 새로운 일에도 부정적인 감정을 드러내고 부정적인 부분을 더욱 부각해서 이야기하게 만든다.

옛날의 나 또한 이와 다르지 않았다.

주식 투자를 해서 몇 년간 모아둔 돈을 순식간에 잃게 된 사람이 있었다. 그 모습을 본 나는 누군가 주식투자를 권하면 "주식은 절대로 멀리해야 해."라면서 부정적인 감정부터 드러냈다. 주식으로 많은 돈을 번 사람을 보았을 때 주식에 대한 기존의 감정이 긍정적으로 바뀐 것이 아니었다. "그런 사람은 정말 예외적인 경우야. 주식 때문에 돈을 잃은 사람이 얼마나 많은 줄 알아. 주식투자를 하지 않는 것이 돈을 버는 것이야."라면서 주식에 대한 부정적인 이야기를 더욱 부각시켜서 이야기를 했다.

이처럼 내면에 있는 무의식 속 부정적 감정들은 새로운 부정적 의식을 만들어 낸다. 이렇게 만들어진 부정적 의식은 무의식 속에 자리를 잡으면서 우리의 무의식 속 감정에 부정적인 감정을 추가한다. 부정적인 감정이 추가되면서 우리의 무의식 속 부정적 감정은 강력하고 견고해진다.

부정적 감정은 새로운 부정적 감정을 낳고, 새로운 부정적 감정은 기존의 부정적 감정을 강화하는 악순환이 일어난다. 이를 '부정의 굴레'라고 한다. 이러한 '부정의 굴레'가 더 강화

되기 전에 우리의 무의식 속에 부정적 감정을 서둘러 걷어내야 한다.

 우리의 무의식이

'부정의 굴레'에 갇히지 않도록 조심하라.

9

어떻게 부모님과 닮은 사람을 좋아하게 될까?

아내는 나의 이상형이다.

내가 이상형의 아내를 만날 수 있었던 특별한 사연이 있다.

아내와 사귀기 7년 전에 만났던 사람이 있었다.

그 사람의 외모나 말투, 행동은 내가 바라는 이상형과는 거리가 멀었다. 그렇다 보니 첫인상에 호감을 느끼지는 못했다. 그런데 이상하게도 묘한 감정이 자꾸 생기는 것이었다. 처음 만났지만 전혀 낯설지 않고 오래 알고 지냈던 사람 같은 편안한 느낌이 들었다. 그리고 가끔 아버지가 어머니를 대하듯 장난을 치면서 그 사람을 대했다. 나는 그전에 이런 행동을 단 한 번도 한 적이 없었다. '나에게 이런 면이 있나?'라고 의아해할 정도의 행동이었다. 그러던 와중에 고향에 갔다가 우연히 어머니의 젊었을 때 사진을 보았고 정말 깜짝 놀랐다.

내가 만나고 있던 여자분이 어머니의 젊었을 때 모습을 그대로 복사해 놓은 듯한 외모였던 것이었다. 너무 놀랐지만 태연하게 어머니에게 이 사진을 찍을 당시에 관해 물었다. 어머니의 자세한 이야기를 듣고 다시금 놀랐다. 정말로 충격적이었다.

젊었을 때 어머니의 키, 몸무게, 성격, 심지어 가정환경까지도 너무도 닮아 있었다.

'세상에 어떻게 이럴 수가 있지?'
나는 너무나도 소름이 돋았다.

그리고 차분하게 이 상황을 정리했다.
아기 때 본 어머니의 젊었을 때 모습은 지금은 기억조차 나지 않지만, 나의 무의식 속에 이상형으로 깊이 각인되어 있었던 것이다. 이러한 무의식 속 감정은 어머니와 비슷한 외모와 성격,

가정환경을 가진 여자를 끌어당긴 것이다.

그 사실을 인지하고 나서야 그 여자분에게 가졌던 낯설지 않고 편안했던 감정과 나의 행동이 이해되기 시작했다. 여기서 더 나아가 그 여자분과 결혼한다면 나는 부모님과 같은 패턴의 삶을 살았을 것이라는 확신이 들었다.

나의 무의식 속 감정을 따라 살아간다면 내가 생각하는 이상적인 삶은 결코 이루어질 수 없을 거라는 생각에까지 미치게 되었다.

자신의 감정을 믿지 말라.
감정은 자기 자신을 속이는 수가 있다.
그러나
그대 자신에 있어서 내면적인 영원한 인간성을 탐구하라.

- 석가모니 (Sakyamuni) -

10

제가 좋아하는 사람은 부모님과 다른데요?

"우리의 무의식 속의 이상형은 바로 부모님입니다."

이 말을 듣는다면 "무슨 소리야 내가 지금 사귀고 있는 사람은 내 부모님과 전혀 다른 스타일의 사람이야."라고 반박할 수 있을 것이다.

『우리, 다시 좋아질 수 있을까』라는 책에 있었던 "결혼 이후에 남편이 달라졌어요."라는 사연을 소개한다. 이 사연은 누구나 한 번씩은 들어본 적이 있는 우리 주위에 너무도 흔한 사연이다.

사연 속에 나오는 남자는 여자 친구와 대화하는 것을 좋아하고 여자 친구를 챙길 줄 아는 자상한 사람이었다. 그러나 결혼 이후부터 둘 사이에 대화는 끊겼고, 집에서는 게임을 하거나 피곤하다면서 잠만 잤다. 과거의 자상했던 모습은 사라졌다. 여자는 "결혼 후에 사람이 변했다."면서 결혼에 대해 후회를 했다.

그런데 이 여자의 괴로움은 사실 남자의 행동 때문만은 아니었다. 이런 남자의 행동이 자신의 친정아버지와 너무도 닮았다는 점이 그녀를 더욱더 힘들게 했다.

여자는 평소에 무뚝뚝하고 가정적이지 못한 친정아버지와 같은 남자와는 절대 결혼하지 않겠다고 다짐을 했다. 자신의 남자친구는 아버지와 다르다고 생각했고, 이 사람과는 행복한 가정을 꾸릴 수 있을 것이란 판단하에 결혼까지 한 것이다. 그러나 결과적으로 자신의 아버지와 너무도 닮은 사람과 가정을 꾸리게 된 것이었다. 이 사람과 부부로서 살아갈 생각에 여자는 심각한 우울증에까지 빠졌다.

남편이 달라진 것이 아니다. 원래 이런 사람인 줄 몰랐던 것뿐이다. 이 남자는 원래 대화를 하지 않는 무뚝뚝한 성격의 소유자였다. 하지만 한 여자를 만나 사랑에 빠지면서 사랑하는 사람을 위해 그녀가 행복해하는 행동을 의식적으로 한 것이다. 평소와 달리 말도 많이 하고 나름의 기준으로 이것저것 챙겨주고 신경을 쓴 것이다.

남자는 결혼한 후부터 가정에 대한 상당한 책임감을 느끼게 되었다. 적성에 맞는다고 생각하고 즐겼던 직장생활도 결혼한 후부터 더는 즐길 수 없게 되었다. 그렇다 보니 직장생활에서 전보다 많은 스트레스를 받게 되었다. 이러한 정신적 피로감이 쌓이면서 의식을 통한 행동의 범위가 줄어들게 되었고, 본래 가진 무의식적 행동이 나오기 시작한 것이다.

왜 의식을 통한 행동에 신경을 쓰지 않으면 무의식 속 행동이 나오는 것일까?

무의식적 행동은 이미 연결된 신경세포들의 연쇄적 반응에 불과하다. 의식을 통한 행동이 이런 신경세포의 반응 속도보다 빠를 수는 없다. 그래서 무의식적 행동이 먼저 나올 수밖에 없고, 이러한 무의식적 행동을 '일차적인 행동'이라고 하는 것이다. 이런 무의식적 행동은 우리의 의식을 통해서 통제가 가능하다.

하지만 이런 무의식적 행동은 언제 나올지 모르는 예측 불가한 것이다. 그렇기에 이를 통제하기 위해선 긴장 상태로 의식을 유지하고 있어야 한다. 만약 우리에게 정신적 피로감이 쌓이면 긴장감이 유지되지 못해 의식의 통제는 약해진다. 그 순간 우리의 방심 속에서 무의식적 행동이 나오게 된다.

여자의 무의식 속 감정은 친정아버지와 같은 무뚝뚝하고 가정적이지 못한 모습을 이상형으로 여기고 있었다. 그리고 이런 아버지의 모습에 대해 무의식 속에서는 긍정적 감정을 가지고 있었다. 무뚝뚝하고 가정적이지 못한 것에 대한 긍정적 감정의 주파수가 진동을 통해 외부로 전달되었다. 그리고 무뚝뚝하고 자상하지 못한 주파수를 가진 남자 친구에게 친근감을 느끼게 된 것이고 이에 끌린 것이다.

이러한 끌어당김을 통해서 결국 결혼한 것이다. 남자 친구의 장점으로 보았던 자상하고 자신과 대화하길 좋아하는 모습은 이미 결정된 무의식의 선택에 대한 합리적인 핑계에 불과한 것이다.

우리는 우리가 하는 대부분의 것이 의식적으로 행해진다고 믿는 문화에 살고 있다.
그러나 우리가 하는 것과 우리가 가장 잘하는 것은 무의식적으로 이루어진다.

- 존 그라인더 (John Grinder) -

11

이상형과 결혼하기 힘든 이유는?

무의식 속 감정은 거의 바뀌지 않는다

우리 각자는 자신이 생각하는 나름의 이상형이 있을 것이고 우리는 그런 이상적인 사람과 결혼을 하고 싶어 한다. 우리가 '이상형'이라고 지칭하는 대상은 우리의 '의식 속에 있는 이상적인 사람'을 말한다.

> 앞서 말했듯이 우리의 무의식 속에는 부모와 닮은 사람을 이상형으로 생각하는 '무의식 속 이상형'도 있다. 우린 '무의식 속 이상형'을 인지하지 못하고 있기 때문에 이를 가지고 이상형이라 부르지는 않는다.

결혼한 사람들에게 "이상형과 결혼하셨어요?"라고 질문을 하면 "네."라고 답하는 사람이 거의 없다. 대부분의 사람이 "아니요."라고 대답을 한다.

이상형과 우리는 왜 결혼할 수 없는 것일까?

가장 큰 이유는 우리의 무의식 속에 있는 이상형에 대한 감정이 바뀌지 않았기 때문이다.

우리의 무의식 속에 있는 이상형은 왜 그렇게 바뀌지 않는 것일까?

태어나서 본 부모의 모습이 최고치의 긍정적 감정으로 기억되고 있다는 점과 이런 무의식 속의 감정이 변하지 않고 오랜 시간 계속되면서 확고히 굳어져 버렸기 때문이다. 이에 비해서 우리의 이상형은 강렬함이 약하고, 바뀌기 때문에 무의식 속 이상형을 대처할 수 없다. 이처럼 한번 형성된 무의식 속 감정은 거의 바뀌지 않는다. 다시 말해서 무의식 속 감정을 바꾸는 것은 어렵다.

그래서 요즘에는 무의식을 바꾸려고 노력하지 말고, 성공하고자 하는 욕심을 가진 우리의 의식을 바꾸어 나가는 쪽으로 자기계발을 하자는 책들도 생기고 있다. 이런 유형의 자기계발서는 나와 당신이 '현재의 모습만으로도 충분하고, 소중한 존재'임을 알려준다. 그래서 나는 이를 '의식을 바꾸는 자기계발'이라 부른다.

연구직 공무원인 P 씨는 B 씨와 결혼을 했다. 결혼 후 남편은 직장을 그만두고 무직으로 집에 있었다. P 씨는 남편에게 여러 번 직장 소개를 해 주었지만 조금 다니다가 여러 가지 이유를 대면서 그만두었다. 남편 B 씨 때문에 P 씨는 마음고생을 하다가 결국에는 마음의 병을 얻었다.

남편 B 씨는 P 씨의 무의식이 끌어당긴 것이다. P 씨의 무의식 속 감정을 바꾼다는 것은 남편 B 씨와의 이혼을 의미하는 것이었다. 그래서 P 씨에게 무의식이 아닌 의식을 바꾸는 편이 낫다고 설득했다. 그렇게 해서라도 P 씨의 마음의 병을 고쳐야만 했다. 결국 P 씨는 자신의 의식을 바꾸기로 마음먹었다. 남편 B 씨에 대해서 '건강하게, 사고 치지 않고 옆에 있는 것만으로도 참으로 고맙다.'며 자신의 의식을 바꾸기 시작했다. 그러자 남편이 전처럼 한심해 보이지 않게 되었다. 옆에만 있어도 감사하게 느껴졌다. 이처럼 '의식을 바꾸는 자기계발'도 우리에게 필요한 자기계발 중 하나이다.

결혼이라는 것은 감정이 우선하기 때문이다

사람은 동물 중에서 유일하게 이성적 판단이 가능하다. 이성적 판단이라는 것은 우리의 정신세계 중 의식 속에서 일어나는 작용이다. 반면에 무의식은 이성적 판단이란 것이 없이 오로지 감정만을 표출한다. 이처럼 무의식이란 것은 감정에 굉장히 충실하다.

이런 특성 때문에 감정에 따른 결정을 해야 하는 분야에서는 무의식 속 감정이 압도적인 결정권을 가지게 된다. 즉 감정적 판단을 함에서는 무의식 속 감정에 따라 결정이 이루어질 가능성이 아주 큰 것이다.

누군가와 결혼을 하고 싶다는 것은 상대에 대한 사랑하는 마음이 있어야 가능한 일이다. 사랑하는 마음이 있는지, 또 얼마나 그 마음이 대단한지에 대한 판단은 절대적으로 감정에 따라 결정된다. 따라서 우리는 무의식 속 감정으로 결혼할 사람을 선택하게 된다.

앞서 보았던 연구직 공무원인 P 씨는 결혼 전 주위의 소개로 A 씨, B 씨와 선을 보았다. A 씨는 좋은 직장에, 부유한 집안에다가 깔끔한 외모였다. 데이트를 하면 레스토랑에서 만나 함께 와인을 마시는 것을 즐겼다. 반면에 B 씨는 A 씨와는 정반대였다. 조그마한 중소기업에 다니면서 부유하지 못한 집안의 장남으로 돌봐야 하는 어린 동생들도 있었다. 수더분하고 친근한 외모로 삼겹살집에서 소주 한잔을 걸치며 이야기하는 것을 즐겼다.

P 씨의 친구들은 당연히 P 씨가 A 씨와 결혼할 거라고 생각했다. 하지만 P 씨는 B 씨와 결혼하겠다고 주위에 발표했다. P 씨가 B 씨와 결혼하기로 한 이유는 B 씨를 만날 때면 너무 편안하고 즐겁다는 것이었다. A 씨는 왠지 모르게 부담스럽고 불편했다. P 씨는 결혼할 사람을 선택함에 있어서 자신의 무의식 속

감정에 충실한 선택을 했다. 우리의 이성적 판단으로는 생각할 수 없는 결정이었다. 결국 P 씨는 B 씨와 만난 지 6개월 만에 결혼했다.

> P 씨의 아버님은 어떤 분이셨을까? P 씨의 아버님은 직장에 다니신 적이 없었다. 평생 무직으로 지내셨고 가족의 생계는 어머니가 돈을 벌어서 유지했다. P 씨 또한 무의식 속 감정으로 자신의 아버지와 같은 사람을 배우자로 선택한 것이다. 그리고 자신도 어머니와 같은 삶을 보내고 있다.

변화에서 가장 힘든 것은 새로운 것을 생각해내는 것이 아니라 이전에 가지고 있던 틀에서 벗어나는 것이다.

- 존 메이너드 케인즈 (John Maynard Keynes) -

12

이상형과 결혼할 수는 없는 것일까?

이상형과 결혼할 수 있다

"자신의 이상형과 결혼하셨어요?"라는 질문에 "네."라고 대답할 수는 없는 것인가? 나는 "네."라고 대답할 수 있다.

나의 아내에게 "내가 당신의 이상형인가요?"라고 물어보았다. 아내는 "네."라고 대답했다. 그리고 한마디를 더 했다. "외모와 키는 빼고."

아내도 자신의 이상형과 결혼하는 방법을 안 것이다.
자신의 이상형과 결혼하는 것은 불가능한 것이 아니다.

첫 번째 단계
무의식 속 감정이 어떠한지를 인지해야 한다

나는 어머니의 젊었을 때 사진을 보고서 나의 무의식이 어머니와 닮은 사람을 이상형으로 생각하고 있다는 사실을 알게 되었다. 알베르 카뮈Albert Camus는 자신이 틀렸다는 것을 알 때만 인간은 진정으로 발전할 수 있다고 했다. 현재의 무의식 속 감정이 어떠한지를 먼저 알아야 우리의 발전이 이루어질 수 있는 것이다.

두 번째 단계
무의식 속 감정을 바꾸겠다는 의지와 확신이 있어야 한다

나의 부모님은 남에게 해코지해가며 자신만의 이익을 위해 산 못된 분들이 아니다. 남에게 칭송받을 만큼 바르게 살아오신 분들이다. 부모로서 자식을 어떻게 키워야 할지에 대한 어설픔은 있었지만 본인들의 기준에서는 항상 최선을 다하셨다. 그렇다고 해도 두 분의 삶이 내가 생각하는 이상적인 삶은 아니다. 나만이 생각하는 이상적인 삶이 있다. 그런데 나의 무의식 속 감정의 이상형과 결혼한다면 부모님과 같은 패턴의 삶을 살

것이 확실했다. 그래서 내가 생각하는 이상적인 삶을 살기 위해 나의 무의식 속 이상형을 확실히 바꿀 필요가 있었다.

너희가 기도하며 구하는 것이 무엇이든
그것을 이미 받았다고 믿기만 하면 그대로 다 될 것이다.

- 마르코 복음 11:24 -

세 번째 단계
의식 속 감정을 완전히 바꾸자

의식 속에 만들어졌던 감정이 내면에 그대로 자리를 잡은 것이 무의식 속 감정이다. 그렇기에 무의식 속 감정이 형성되기 위해선 의식 속 감정이 반드시 있어야 한다. 의식 속 감정이 없다면 무의식 속 감정도 만들어지지 않는다. 이런 무의식의 특성으로 인해 한 가지 결론에 이르게 된다. '무의식은 자체적으로 감정을 만들어 내지 못한다. 또한 기존에 있는 감정을 변화시킬 수도 없다.'

감정을 바꿀 수 있는 것은 우리의 '의식 속의 영역'이다. 우리의 감정은 의식적인 노력으로 바뀔 수 있다. 이렇게 바뀐 의식 속 감정도 우리의 내면에 그대로 자리를 잡는다. 결국 우리의 무의식 속에는 기존의 무의식 속 감정과 바뀐 무의식 속 감정이 순간적이나마 같이 존재하게 된다.

이때 바뀐 무의식 속 감정은 기존의 무의식 속 감정을 밀쳐내고 새롭게 자리를 잡게 된다. 결국 무의식 속 감정을 바꾸기 위해서는 우리의 의식적인 감정부터 바꾸어야 한다.

나의 무의식 속 감정은 어머니와 같은 사람을 이상형으로 생각하고 이와 유사한 사람을 끌어당기고 있었다. 그렇기에 무의식 속 감정에 따라 만나게 되는 배우자는 어머니의 장점뿐만 아니라 단점까지 가지고 있을 것이다.

그래서 어머니의 부지런하고, 열정적인 장점은 그대로 둔 채, 표현이 서툴고, 걱정이 많으신 단점을 보완한 표현을 예쁘게 하고, 밝고 긍정적인 여자를 이상형으로 의식적으로 생각하기 시작했다.

네 번째 단계
이상형을 실감 나게 이미지화해라

왜 이상형을 실감 나게 이미지화 해야 하는가?

레몬을 한 입 베어 물면 강렬한 신맛 때문에 입안에는 침이 고이게 된다. 입에 침이 고이는 것은 신맛에 대한 뇌의 반응으로 일어나는 현상이다.

이번에는 진짜 레몬을 베어 무는 것처럼 실감 나는 상상을 해보자. 상상한 것만으로도 우리 입안에는 침이 고이게 된다. 실제로 레몬을 베어 물지 않았고, 신맛을 느끼지 않고 있음에도 뇌가 신맛을 느낀 것처럼 반응한 것이다.

이처럼 우리의 뇌는 실제 일어나는 현실과 상상을 전혀 구분하지 못한다. 이러한 뇌의 특성 때문에 현실이 아닌 것도 현실인 것처럼 상상할 수 있다면 현실과 같은 반응을 끌어낼 수 있다. 이때 가장 중점을 두어야 하는 부분은 실제로 일어난 일인 것처럼 우리 자신의 뇌를 완벽하게 속이는 것이다. 이를 '자기 속임Self-deception'이라고 한다.

더욱 실감 나게 이미지화하기 위해서 나의 이상형과 비슷한 여자 연예인을 찾았다. 그리고 그 여자 연예인의 사진을 방 안쪽 문에다 붙여 놓았다. 사진을 보면서 표현을 예쁘게 하고, 밝고 긍정적인 아내가 실제로 나를 보고 있다는 상상을 했다.

여러분의 상상력은
___
여러분의 인생에 앞으로 다가올 멋진 일의 예고편과 같다.
___

- 알버트 아인슈타인 (Albert Einstein) -

다섯 번째 단계
절대로 멈추지 말자

바뀐 무의식 속 감정은 기존의 무의식 속 감정을 밀쳐내고 새롭게 자리를 잡으려 한다. 하지만 기존의 무의식 속 감정은 오랜 시간에 걸쳐서 견고하게 각인되어 있기 때문에 바뀐 무의식 속 감정은 이를 밀쳐내지 못하고 사라져 버린다.

하지만 이런 과정을 반복하다 보면 기존의 무의식 속 감정의 견고함은 약해지고 흔들리게 된다. 이 과정을 오랜 시간 동안 지속적으로 하다 보면 결국에는 기존의 무의식 속 감정이 뽑히고 바뀐 무의식 속 감정이 그 자리를 대체하게 된다.

이러한 과정은 오랜 시간이 걸리는데 반해 어떤 발전도 느끼지 못하기 때문에 중간에 많이 포기하게 된다. 나의 경우에도 이런 순간이 있었다. 사진을 보면서 배우자로 상상하는 것만으로 실현이 가능할까 하는 의구심이 든 적도 있었다. 내가 미친 짓을 하는 것은 아닌가 싶어 때려치우고 싶다는 생각이 들기도 했다.

그런 생각이 들 때마다 더욱 자주 상상을 하려고 했다. 나중에 어떤 사정이 생겨 방문에서 사진을 떼어내야 했을 때까지 대략 6개월 정도 하루도 빼먹지 않고 꾸준히 했다. 그 이후로는 내가 이런 상상을 했었다는 사실을 완전히 잊어버리고 살았다.

충분히 오랫동안 고수하기만 하면
원하는 어떤 것이든 할 수 있다.

- 헬렌 켈러 (Helen Keller) -

나의 이상형이 내 옆에 와 있었다

결혼을 1달 앞두고 고향에서 부모님이 올라오셨다. 몇 달 만에 뵌 부모님의 표정은 좋지 않았다. 하고 싶은 말이 있어서 올라오신 것 같았다.

저녁 식사 이후에 차를 한 잔 마시면서 어머니는 어렵사리 이야기를 꺼내셨다.

"회사 운영을 위해 받은 대출금 중 일부를 다음 달에 갚아야 하는데 아낀다고 아꼈는데도 돈을 마련하지 못했다. 결혼 준비를 하느라 너희도 힘들겠지만 어떻게 좀 도와줄 수 없겠니? 결혼하는데 도움도 주지 못하면서 이런 말까지 하게 돼서 정말 미안하고 속상하다."

대출금 때문에 고생스러운 생활을 하셨다는 이야기를 들으니 자식으로서 가슴이 미어졌다. 동시에 갑작스러운 도움 요청에 적잖이 당황했다. 그 순간 아내를 쳐다보면서 '이럴 때는 어떻게 말을 해야 하지? 아내가 정색하면서 우리도 힘들다고 말을 하면 어떻게 하지? 힘든 것도 사실이긴 한데. 이런 이야기는 나한테 따로 하시지 왜 결혼 앞둔 며느리한테까지 이야기하는 거야.' 순간적으로 별의별 생각들이 다 들었다.

내가 당황해 별의별 생각을 다 하고 있는 사이 아내가 주저 없이 말을 꺼냈다.

"어머니, 당연히 저희가 투자를 해야죠. 투자를 하는 거니까 잘되면 저희에게 이자까지 쳐서 많이 주셔야 해요."

이 말 한마디에 마음을 졸였던 어머니는 "어쩜 말을 이렇게 예쁘게 할 수 있니." 하면서 눈물을 흘리셨다.

그 순간 나는 몇 년 전 내 방문에 붙여 놓고 상상했던 표현을 예쁘게 하고, 밝고 긍정적인 아내가 나에게 와 있음을 알게 되었다.

당신이 무의식을 의식할 때까지
그것은 당신 삶을 지시할 것이고
당신은 그것을 운명이라 부를 것이다.

- 칼 구스타프 융 (Carl Gustav Jung) -

13

싫어하는 사람과
왜 결혼하게 되는 것일까?

S 씨의 부모님은 서로를 아끼며 사이좋게 지내신다. 아내의 머리에서 흰 머리라도 보이면 아버님은 "머리에 염색할 때가 되었어."라고 하시면서 직접 염색을 해 주신다. 누가 보아도 알콩달콩한 부부다.

S 씨는 이런 두 분의 알콩달콩한 모습이 너무 궁상맞다고 생각한다. 돈이 없다 보니 부모님은 S 씨를 학원에 보내주신 적이 없었다. 자신의 힘으로 공부를 해서 대학을 갔고, 대학에 가서는 스스로 학비를 벌어야 했다. S 씨에게는 아버지가 어머니에게 머리 염색을 해주는 모습도 다 돈을 아끼기 위해 해주는 것

처럼 보였다.

S 씨의 아버님은 돈을 잘 벌진 못했지만, 부지런하셨고 장남으로 동생들이 자립할 수 있도록 뒷바라지를 하셨다. 어머니도 그런 아버지를 이해하면서 제사 준비 등 집안의 대소사를 모두 챙기셨다. 아버지가 중심이 되어 친척들과 자주 모임을 하였고 화목한 대가족이라는 말을 주변으로부터 많이 들었다.

하지만 S 씨는 아버지와 같은 무능한 남자가 싫었고, 어머니처럼 희생만 하며 살고 싶지도 않았다. 그렇다 보니 S 씨는 늘 '저렇게 궁상맞게 살지 않으리라.' 다짐했다.

그런 S 씨가 어느 날 남자 친구 이야기를 꺼냈다. S 씨는 그 남자와 결혼을 진지하게 생각하고 있었다. S 씨는 남자 친구가 모아 둔 돈이 없고, 돈을 잘 버는 직업도 아니라 결혼을 하고 싶지만 걱정이 된다고 했다.

S 씨의 남자 친구가 어떤 사람일지, 어떤 집안일지 어떤 이야기가 나올지 이 글을 읽는 당신도 이제는 예상할 수 있을 것이

다. S 씨의 남자 친구 역시 집안의 장남으로 건사해야 할 어린 동생들이 있었다. 남자 친구는 S 씨에게 가족을 건사해야 한다고 직접적으로 말하기까지 했다고 한다. 평소 S 씨가 했던 말이 있었기에 나는 S 씨가 펄쩍 뛰면서 어이없어할 줄 알았다. 그런데 S 씨는 이런 상황을 이해하고 서로 도와가며 극복할 수 있으리라 생각하고 있었다.

남자 친구 집안은 거의 한 달에 한 번씩 제사를 지내고 있고, 제사 외에도 친척들과 자주 모임을 한다고 했다. 이런 남자 친구에 대해서 S 씨가 사랑에 빠진 이유는 간단했다. 남자 친구가 S 씨를 너무도 사랑하고, 자상하게 챙겨주었기 때문이었다. S 씨의 아버지가 어머니에게 해 준 것 같이 말이다.

내 말이 거짓말처럼 믿기지 않겠지만, 거짓말이라고는 일도 보태지 않은 진실 중의 진실이다.

『우리, 다시 좋아질 수 있을까』라는 책에 있었던 사연과 S 씨의 이야기는 어떤 면에서 공통점이 있을까? 둘 다 자신이 바라는 이상형이 없었다. 자신들이 바라는 의식적인 이상형이 없다 보니 기존의 무의식 속 이상형인 부모님과 같은 사람을 만나게 된 것이다.

'부모와 같은 사람이 되기 싫다. 그런 인생을 살지 않겠다.'고 하면서 오히려 부모의 모습을 강력하게 이미지화했다. 이런 과정은 기존의 무의식 속 감정을 더욱더 굳건하게 하는 작업이었고, 강력한 끌어당김을 통해서 자신의 부모와 정확하게 맞아떨어지는 사람이 나타나게 된 것이다.

위대한 생각들로 우리 마음을 키워야 한다.

인간은 생각한 만큼만 성장할 수 있기 때문이다.

- 벤자민 디즈라엘리 (Benjamin Disraeli) -

돈에 대한 부정적 감정도
바꿀 수 있을까?

자기계발의 방식은 모든 곳에 사용된다

지금까지는 우리가 어떤 사람과 결혼하는지, 어떻게 하면 자신의 이상형과 결혼할 수 있는지에 대해 5가지 단계로 차근차근하게 설명했다. 나는 이 방법을 통해 내가 생각했던 이상형을 만나 결혼을 했고, 평소 꿈꿔왔던 이상적인 가정생활을 하고 있다.

무의식 속 감정을 바꾸는 이 5가지 단계는 모든 곳에 사용된다. 나는 이 방법으로 원하는 수입을 얻을 수 있었다. 하지만 돈을 버는 자기계발은 이상형과 달리 시행착오를 거쳐야 했다.

'돈을 버는 자기계발'에서는 왜 시행착오를 겪어야 했을까? 돈에 대해서 잘못된 생각이나 감정이 무의식 속에 너무 깊게 각인되어 있었기 때문이다.

"돈은 필요 이상으로 가져서는 안 된다. 돈은 피와 땀을 흘려 벌어야 한다. 돈이 많은 사람은 자기 욕심만 차리는 사람들이다. 부동산이나 주식은 투기이다. 투기로 돈을 벌면 안 된다." 아버지가 내게 항상 하신 말이다.

이런 말을 듣고 자란 나는 돈에 대해서 잘못되고 부정적인 무의식 속 감정이 형성되었다. 이렇게 잘못 형성된 무의식 속 감정으로 인해 여러 번의 시행착오를 겪게 된 것이다.

돈에 대한 이런 무의식 속 감정을 가지고 있는 사람들의 삶은 어떠한가?

우리 집은 너무도 가난해서 초등학교 2학년 때까지 부모님과 내 동생까지 총 4명의 식구가 단칸방에서 지냈고 화장실은 집 밖에 있었다. 나는 30살이 넘도록 정기적금이나 청약통장을 가지고 있지 않았다. 사실 청약통장이 무엇인지, 왜 필요한 지조차도 모르고 있었다.

성장은

뜻밖의 어둠 속에서 도약할 때 이루어진다.

- 헨리 밀러 (Henry Miller) -

돈을 버는 자기계발을 시작하다

내 인생을 내가 만들어 가기로 하고 시작된 나의 사회생활은 월 30만 원짜리 고시원에서부터였다. 월식을 먹었고, 생활비로는 4만 원을 썼다. 이때부터 5가지 단계를 이용해서 돈을 버는 자기계발을 시작했다. 나는 '1년 후 매달 천만 원 이상의 돈을 벌 수 있다.'는 상상을 해가며 돈에 대한 무의식 속 감정을 긍정적으로 바꾸기 위해 노력했다.

돈을 벌어야겠다고 마음을 먹었지만, 무엇부터 해야 할지를 몰랐다. 우선 급한 대로 단기 알바부터 시작해 보았다. 무엇이라도 시작하다 보면 방법이 생기지 않을까 하는 마음이었다. 몇 가지 알바를 하면서 느낀 점과 이 일을 계속할지 여부 등을 꼼꼼히 기록했다.

알바를 갔다 돌아오는 길에 친한 형을 만났다. 그 형은 나의 이야기를 듣더니 과외선생님 자리를 주선해 주었다. 전공이 법학이었던 나는 민법을 가르쳐 첫 달에는 80만 원을 벌었고, 3달 후에는 300만 원을 벌었다. 1년이 지나자 이름이 알려지면서 매달 1,200만 원의 돈을 벌게 되었다. 내가 끌어당긴 액수의 돈이 정확하게 나의 통장에 들어왔다.

거의 1년 만에 부모님께 전화를 드렸다. 나에 대한 걱정이 많으셨던 부모님이었기에 기뻐하실 줄 알았다. 한 달에 1,200만 원을 번다고 하니 불법적인 일을 하는 것은 아닌가 우려만 하시면서 믿지 않으셨다. 사실은 나 또한 내가 번 돈의 액수가 믿기지 않았다.

첫 번째 단계
무의식 속 감정이 어떠한지를 인지해야 한다

그런데 벌어들이는 액수와 관계없이 월말이 되면 통장의 잔고는 항상 0원이었다. 월 80만 원의 수입일 때야 저축할 여력조차 없었다 치더라도 1,200만 원을 벌어 충분히 저축할 여력이 있음에도 불구하고 저축을 전혀 하지 못했다.

'이제부턴 매달 500만 원 정도 저축을 하는 거야.'라고 몇 번씩 다짐했지만, 월말만 되면 통장의 잔고는 0원이었다. 이때 처음으로 '돈에 대한 무의식 속 감정에 문제가 있다.'는 사실을 인지하게 되었다.

용돈이든 생활비든, 군대에서 받은 월급이든 돈이 생기면 이를 쪼개서 어떻게 효율적으로 쓸지에 대한 고민을 했을 뿐, 이 돈을 아껴서 저축해야 한다고 생각해 본적이 지금까지 한 번도 없었다. 지금까지 나는 돈을 '써버려 없애야 하는' 부정적 감정의 대상으로 인식하고 있었던 것이다.

나의 이런 의식은 무의식에 자리를 잡아 통장에 돈이 입금되는 순간에 '부모님께 무엇을 사드릴까? 친구들을 만나서 놀까?' 하는 생각이 들면서 돈을 '써버려 없앨 곳'을 끊임없이 찾았다. 이러니 돈을 저축할 수 없었던 것이다.

두 번째 단계
무의식 속 감정을 바꾸겠다는 생각이 있어야 한다

돈에 대한 무의식 속 감정이 소비를 촉진하는 상황을 알았지만, 그것만으로는 나의 무의식 속 감정이 바뀌지 않았다. 여전히 나의 무의식은 돈을 '써버려 없앨 곳'을 끊임없이 찾고 있었고, 이를 자제하려는 순간 정서적인 불안감이 생기면서 전혀 다른 일에 집중을 하지 못했다. 어떻게든 참아내다가도 지출을 합리화하는 어떤 이유라도 생기면 기다렸다는 듯이 돈을 써버렸다. 나중에는 평생 챙겨본 적도 없는 부모님 결혼기념일까지 챙겨 드렸다.

그런데 그 당시에는 이를 바꾸어야겠다는 절박감이 크지 않았다. 우선 돈을 쓰지 못하는 것에 대한 심리적인 불안 증세가 있었고, 매달 수입이 유지되고 있었기 때문에 '더 벌면 저축할 수 있어.'라는 생각으로 나 자신을 합리화했다.

그러다가 지금의 아내를 만나게 되었고, 결혼은 하고 싶으나 모아둔 돈이 하나도 없는 나를 마주하게 된다. 신혼집은 고사하고 결혼식 비용조차 없었다. 아내는 이런 나의 사정을 알면서도 나를 응원하고 격려해 주었다. 내가 사랑하는 사람을 행복하게 만들어 줄 수 없다는 생각에 돈을 서둘러 모아야겠다는 절박감이 미치도록 들었다.

세 번째 단계
의식 속 감정을 완전히 바꾸자

돈에 대한 기존의 무의식 속 감정을 바꾸기 위해서 내가 제일 먼저 한 것은 돈은 '모으고 아끼는 것'이라는 생각을 의식적으로 하는 것이었다. 의식적으로 돈에 대한 긍정적 감정을 가지는 일부터 시작한 것이다. 돈을 모으기 위해서 아내와 함께 은행에 가서 정기적금과 청약통장을 만들고 매달 일정 금액을 저축하기 시작했다.

다음으로 종전에 지출을 합리화했던 이유를 거절하기 시작했다. 통장에 돈이 들어오면 나는 여전히 돈을 '써버려 없앨 곳'을 찾고 있었지만 이런 나 자신을 외면하고 거부했다. 돈의 소비를 자제한 순간 전과 똑같이 정서적인 불안감이 생기면서 전혀 일에 집중하지 못했다. 그런 상황에 닥치면 아내와 같이 산책하러 나가 커피 한 잔을 마시는데 돈을 지출하면서 불안감을 진정시켰다. 지출을 자제하는 것에 대한 불안감을 해소하기 위해 시작된 산책 후의 커피 한 잔이 이제는 나와 아내가 제일 좋아하는 습관이 되어 버렸다.

돈을 지출할 일이 생길 때에는 항상 아내와 상의해 지출의 규모를 적정선으로 줄였다. 그리고 '나는 돈을 잘 벌면서, 잘 모으는 사람'이라고 의식적으로 생각하기 시작했다.

네 번째 단계
돈을 모으는 모습을 실감 나게 이미지화해라

'나는 돈을 잘 벌면서, 잘 모으는 사람이다.'라는 상상을 실감 나게 하기 위해서 제일 먼저 한 일은 통장에 원하는 액수를 기재하고 이를 보면서 실제 저축된 금액이라고 상상을 하는 것이었다. 하지만 아무리 통장을 봐도 적혀 있는 액수가 내가 직접 쓴 글씨다 보니 실감이 나지 않았다.

그래서 생각해 낸 것이 앱App을 통해 통장의 잔고를 확인하는 것이다. 통장의 잔고를 매일 확인하면서 '나는 돈을 잘 벌면서, 잘 모으는 사람'이라고 상상을 하기 시작했다. 이렇게 하는 상상은 정말로 실감이 났다.

그다음으로 이렇게 모은 돈으로 아내와 결혼식을 올리며 새

아파트에서 같이 지내는 상상도 함께 하기 시작했다. 그리고 아파트 모델하우스에 자주 가서 아내와 그 집에서 살고 있다고 상상했다. 아파트 모델하우스를 둘러보는 것은 이미지화에 많은 도움이 되었다.

이렇게 이미지화하는 과정은 어떻게 보면 자기 속임이다. 이에 대해서 댄 페냐Dan Peña는 '성공 연습'이라고 불렀다. 댄 페냐는 성공 연습을 통해서 가난한 시절을 극복하고 50조 원의 자산을 가진 세계 최고의 부자로 등극했다.

다섯 번째 단계
절대로 멈추지 말자

처음 2달 동안은 통장에 돈이 모이지 않았다. 세 번째 달부터 통장에 돈이 모이기 시작했다. 그런데 조금 모이면 여지없이 돈이 나갈 일이 생겼다. 소소한 금액이 여러 번 나갈 때도 있었고, 목돈이 나갈 때도 있었다.

"이제 겨우 돈 좀 모았다 싶었는데, 어떻게 귀신같이 알고 돈

나갈 일이 생길까." 어이없고 정말로 속상했다. "나는 돈을 모을 수 없는 운명인가?" 하는 절망적 푸념을 잠시나마 할 때도 있었다.

그러나 결혼에 대한 절박감은 항상 나를 정신 차리게 했다. '나는 돈을 잘 벌면서, 잘 모으는 사람이다.'라는 상상을 매일 3번씩 했다. 돈에 대해서 잘못 형성된 나의 무의식 속 감정을 통째로 집어삼켜 없애버리겠다는 생각으로 이를 악물고 상상했다.

돈이 모이기 시작했다

어느 순간부터 통장에 돈이 모이기 시작했다. 매일 같이 통장의 잔고를 확인했다. 통장에 모인 돈의 액수를 눈으로 확인하는 순간, 엄청난 쾌감이 나에게 전해졌다. 돈을 소비했었던 때와는 비교할 수 없는 쾌감이었다. 돈을 모으는 것이, 그 액수를 확인하는 것이 이토록 엄청난 쾌감을 줄 수 있다는 것을 난생처음 알게 되었다. 이 느낌을 지금에서야 알았다는 것이 억울했다.

드디어 돈에 대한 나의 무의식 속 감정이 '소비해야 하는 것'에서 '모으는 것'으로 바뀌었다.

이 쾌감을 느낀 이후부터는 돈을 모으는 데 어려움이 없었다. 이렇게 모은 돈으로 아내와 기억에 남을 멋진 결혼식을 올리고 우리 둘이 살 수 있는 신혼집을 구할 수도 있었다.

생각이 바뀌면 행동이 바뀌고

행동이 바뀌면 습관이 바뀌고

습관이 바뀌면 성품이 바뀌고

성품이 바뀌면 운명이 바뀐다.

- 윌리엄 제임스 (William James) -

15

나의 인생은 부모 탓이다?

지금의 무의식 속 감정은 우리의 잘못이 아니다

무의식 속 감정의 형성과정을 알면 알수록 우리의 어린 시절 부모의 역할, 가정의 환경이 인생에 있어 얼마나 큰 영향을 미치는지 깨닫게 되었다. 이런 사실을 알고 난 이후에 아내의 어린 시절이 어떠했는지가 너무 궁금해졌다. 그래서 아내에게 물어보았다.

"자기, 어릴 적 부모님이 싸우는 것을 본 적이 있어요?"
"없는데요."
"그럼 장모님과 장인어른은 한 번도 안 싸우신 거예요?"

"내가 고등학생일 때에는 보이는 데서 엄청나게 싸우셨어요. 다만 우리가 아주 어렸을 때는 싸운 걸 본 기억이 없어요. 언성이 높아질 것 같으면 두 분은 항상 밖으로 나가셨어요."

아이가 고등학생 정도 성장하면 부모의 싸움을 보고도 '이쯤 되면 싸울 때가 됐지. 됐어.' 하면서 별로 대수롭지 않게 여길 수도 있다. 이러한 판단을 통해 부모의 싸움에 대한 감정적 충격이 완화되어 별일 아닌 것처럼 되어 버릴 수 있기 때문이다.

하지만 이러한 사고와 생각의 판단이 없는 시기에는 부모의 싸움에 따른 충격과 불안함, 두려움은 그대로 아이에게 전달된다. 이 시기에 부모의 싸움이 있느냐 없느냐 하나만으로도 아내와 나의 무의식 속 감정은 달랐다.

이 어린 시기에 우리가 할 수 있는 것이 있었겠는가?
우리가 할 수 있는 것은 아무것도 없었다. 우리의 무의식 속 부정적 감정들은 우리가 만들어 낸 것도, 우리가 선택한 것도, 우리가 원했던 것도 아니다.

이런 우리를 두고 세상의 누구도 비난할 수는 없는 것이다. 우리도 못났다고 무능하다고 한심하다고 자신을 탓해서는 안 된다.

무의식 속 감정을 바꿀지 여부는
우리의 선택이자 책임이다

이미 형성되어 있는 무의식 속 감정은 우리의 잘못은 아니지만, 우리가 마음먹기에 따라 이를 바꿀 수 있다. 바꾸는 과정이 쉽다고 말할 순 없지만 의지가 있다면 반드시 바꿀 수 있다. 내가 인생의 주인이 되어 내가 원하는 인생을 직접 설계하고 만들어나갈 수 있다.

기존의 무의식 속 감정을 바꾸고 싶지 않다면 그대로 지내면 된다. 대신에 의식 속 감정을 바꾸어 현실에 대한 만족도와 행복감을 높이면 된다.

기존의 무의식 속 감정을 계속 유지할지 아니면 바꿀지를 통해 우리가 살고 싶은 인생을 선택할 수 있다. 어떤 선택을 하든 간에 내가 원하는 인생이다.

만약 우리가 무의식 속 감정을 바꾸지 않기로 했다면 이제부터는 자신의 인생이 부모 때문이라고 탓을 해서는 안 된다. 방법도 알고 있고 바꿀 수 있는데도 바꾸지 않는 것이 부모의 탓은 아니다. 지금 이 순간부터는 자신의 인생에 대해서 절대로 부모 탓, 사회 탓, 남 탓을 해서는 안 된다.

어떤 선택을 하든 간에 우리의 선택은 존중받을 것이다. 어떤 누구의 비난도 있을 수 없다. 다만 자신의 선택에 따른 책임은 지게 될 것이다.

무의식을 의식화하지 않으면

무의식이 우리 삶의 방향을 결정하게 되는데,

사람들은 이를 두고 '운명'이라고 부른다.

- 칼 구스타프 융 (Carl Gustav Jung) -

Chapter 4.
하고자 하는 일에 대한 목표를 설정하라

Work

Artic Ocean

Ocean

N

W   E

S

h Atlantic Ocean

1

목표를 꼭 가져야 하는 것인가?

목표가 없는 인생

나는 인생의 목표가 있었는가?

32살이 될 때까지는 변호사가 되겠다는 확고한 인생의 목표가 있다고 생각했다. 그래서 인생의 목표가 없는 사람을 만나면 무척이나 한심하다고 생각했었다.

인생의 목표라는 것은 그 전제가 스스로 내린 결정이어야 한다. 남이 내린 결정을 따르기만 하는 것을 인생의 목표라고 할 수 없다. 변호사가 되고자 했던 결정은 내가 내린 결정이 아니었다. 부모님이 나의 합격을 바라셨고 법조인이 되면 성공했다는 소리를 듣는 사회 분위기가 나에게 그것이 나의 결정이라 착각하게 했다. 32세까지의 나를 지금에서 돌아보면 사실상 인생의 목표가 없었다.

인생의 목표가 없어도 살아가는 그 자체에는 문제가 없었다. 그저 나에게 생긴 일들을 나 개인의 일이든, 집안일이든, 공적인 일이든 상관없이 정말로 열심히 하는 것만으로도 삶에 충분한 행복을 느낄 수 있다. 삶을 살아가기 위해서 반드시 인생의 목표가 있어야 할 필요는 없다.

그러면 목표가 없는 경우에 어떻게 되는가?
한때 강의를 그만두고 싶을 때가 있었다. 많은 강의 일정과 교재 집필로 지친 상태라 강의에 흥미를 잃었다. 이런 나에게 아내와 어머니, 장모님은 서로 약속이나 한 듯이 자신의 사업을 도와달라고 요청했다. 이때 순간적으로 나의 머리를 스치는 생각이 있었다. '사업을 도와드리고 그것이 잘 되면 강의를 안 해도 되지 않을까?'

나는 이러한 의도를 가지고 일을 돕기 시작했다. 내가 이런 결정을 한 또 다른 이유는 색다른 체험에 대한 엄청난 호기심 때문도 있었다. 열정을 가지고 일을 도와드리고 그에 대한 성과가 날 때면 정말 내 일처럼 기뻤다. 무엇보다도 남에게 의존해서 지낼 수 있다는 것 때문에 전에 느꼈던 무거운 책임감에서 벗어나 있다는 느낌이 들었다. 큰 고민 없이 그냥 주어진 일을 하는 것이 주는 편안함도 있었다.

이 느낌은 낯설지 않았다. 이것은 사법시험 합격을 위한 부모님의 목표에 편입되어 공부했었던 때의 느낌이었다. 나의 강의에 대한 목표가 없어졌을 때 나는 아내와 어머니, 장모님의 목표에 일부로 편입된 것이다. 그리고 그 속에서 열심히 살아가는 나 자신의 삶에 한동안은 만족을 느낄 수 있었다.

당신 스스로의 계획이 없다면
당신은 다른 누군가의 계획의 일부일 뿐이다.

- 테렌스 멕키나 (Terence McKenna) -

목표가 있는 인생

일은 도와드리고 있었지만 남편으로서, 아들로서, 사위로서 보수를 달라고 할 수는 없었다. 심지어 사업에 필요한 경제적인 지원을 내가 해 드려야 할 때도 있었다. 상황이 이렇다 보니 경제활동을 위해 나의 강의는 계속되어야 했다.

새로운 일에 푹 빠져 재미있게 일을 도와주다 보면 정작 강의 준비를 위한 시간이 부족했다. 강의에 문제는 없었지만 준비가 부족했다는 것 때문에 나 스스로 느끼는 만족감이 높지 않았다. 일이 늘면서 전보다 더 쉬지 못하는 강행군이 이어졌다. 내 몸은 하나지만 해야 할 일은 몇 배로 늘어나니 잠을 줄이는 수밖에 없었다. 이런 상황이 계속되자 나에 대한 배려가 전혀 없다고 아내와 어머니, 장모님에게 서운한 생각이 들기 시작하면서 불평을 하게 되었다.

멘토는 이런 나에게 엄청난 가르침을 주셨다.
"지금 일어나는 현상은 묘엽씨가 현재 목표가 없거나 목표에 대한 바람이 다른 분들보다 약하기 때문에 생긴 것입니다. 묘엽씨가 목표가 있고 그것이 확고하다면 이런 일은 생기지 않습니다. 아내와 어머니, 장모님의 탓을 할 일이 아닙니다."

이 말을 듣고 정말로 부끄러웠고 진심으로 반성했다. 나는 목표가 없었고, 아내와 어머니, 장모님에게 의존하려는 마음이 있었다는 점도 인정했다. 이 세 사람의 삶은 나를 배려하지 않는 것이 아니었다. 열정 가득하게 자신들의 목표를 향해 달려가고 있을 뿐이었다.

나는 진지하게 고민했다. 세 사람의 사업을 도와주면서 나의 강의를 줄여나갈 것인지, 아니면 나의 목표를 더욱 확고히 할 것인지를 결정해야만 했다.

남의 목표에 편입되는 인생을 살아가는 것은 나에게는 맞지 않는 것 같았다. '내 인생은 내가 만들어나가겠다.'는 목표를 다시 세우고, 다시는 의존적인 마음을 갖지 않기로 했다.

근본적인 해결을 위해 강의 수를 줄이고 충분한 휴식을 취하기로 했다. 감사하게도 학원은 이런 나를 충분히 배려해 주었다. 아내와 어머니, 장모님께는 "강의 준비를 하고 교재작업에 집중하고 싶다."고 말했다. 그러자 세 사람 모두 내게 일을 부탁하지 않았다. 이런 결심 속에서 충분한 휴식과 운동으로 마음을 다스렸고, 강의에 대한 열정은 전보다 견고해졌다.

행복한 삶을 살고 싶다면,
사람이나 사물이 아닌 목표에 의지하라.

- 알버트 아인슈타인 (Albert Einstein) -

2

목표란 무엇인가?

사람들은 욕심慾心은 버리고, 목표目標는 더욱 굳건히 해야 한다고 말한다. 그렇게 하기 위해서는 욕심과 목표를 구분할 수 있어야 한다.

🗝 어떻게 욕심과 목표를 구분할 수 있을까?

마음속으로 '올해는 매달 2천만 원의 수입을 올리겠어.'라고 결심을 한다면 이는 욕심일까? 아니면 목표일까? 이것이 욕심이라면 마음에서 내려놓아야 하겠지만 목표라고 한다면 이를 달성하려는 마음을 굳건히 해야 한다.

'욕심'이란 분수에 넘치게 탐내는 마음을 말한다. 분수에 넘친다는 것은 내가 가지는 것이 불가능하다고 느끼는 것을 바라는 마음을 말한다.

'목표'란 목적으로 도달해야 할 곳의 표시가 눈으로 보이는 것을 말한다. 도달해야 할 것의 표시가 눈에 보일 정도로 가능하다고 느끼는 것을 말한다. 눈에 표시가 된다는 것은 눈으로 보이는 것처럼 상상이 가능하다는 것을 의미한다.

결론적으로 내가 목적으로 삼은 것이 눈으로 보일 듯 상상이 가능한, 즉 성취 가능하다고 생각되는 결심은 목표가 되지만, 내가 목적으로 삼은 것에 대한 상상조차 되지 못하는 결심은 욕심에 불과한 것이다.

'올해는 매달 2천만 원의 수입을 올리겠어.'라는 나의 결심이 성취가 불가한 것으로 느껴진다면 이는 욕심이므로 마음에서 내려놓아야 할 것이다. 반대로 성취가 가능하다고 생각된다면 이는 결심이므로 성취하겠다는 마음을 더욱 굳건히 해야 한다. 결국 우리의 결심이 욕심이 되느냐 목표가 되느냐는 나 자신에게 달린 것이다.

> 욕심이란 단어는 한문으로 '慾心'이라고 표시한다. '慾'이란 것은 '탐내다'라는 뜻을, '心'은 '마음'의 뜻을 나타낸다. 그래서 욕심의 한문 풀이는 '탐내는 마음'을 말한다. 그리고 욕심의 국어 풀이는 분수에 넘치게 탐내는 것을 말한다. 최종적으로 국어와 한문의 의미를 종합하면 욕심이란 '분수에 넘치게 탐내는 마음'이란 뜻이 된다.
>
> 목표란 단어는 한문으로 '目標'이라고 표시한다. '目'이란 것은 '눈'이라는 뜻을, '標'은 '표시'의 뜻을 나타낸다. 그래서 목표의 한문 풀이는 '표시가 눈으로 보이는 것'을 말한다. 그리고 목표의 국어 풀이는 목적으로 삼아 도달해야 할 곳을 말한다. 최종적으로 국어와 한문의 의미를 종합하면 목표란 '목적으로 도달해야 할 곳의 표시가 눈으로 보이는 것'이란 뜻이 된다.

인생에서 원하는 것을 얻기 위한 첫 번째 단계는
내가 무엇을 원하는지 결정하는 것이다.

- 벤 스타인 (Ben Stein) -

3

욕심이 목표가 되는 방법은?

2가지의 방법이 있다

욕심이 목표가 되는 방법으로는 2가지가 있다.

하나는 욕심이라고 생각되는 부분을 우리가 성취 가능하다고 믿어지는 단계까지 줄이는 것이다. 이를 가지고 마음 비우기 Emptying the mind라고 한다.

이것 외에 다른 하나는 욕심이라고 생각되는 부분을 우리가 성취 가능하다고 무조건 믿어버리는 것이다. 이를 가지고 자기 설득 Self persuasion이라 한다.

마음 비우기의 방법으로 욕심을 목표로 만들기

 어떤 이유든 간에 '올해는 매달 2천만 원의 수입을 올리겠어.'라는 결심을 했다. 이렇게 세운 결심을 달성해야겠다는 생각할 때마다 '이게 가능할까?'라는 의심이 생기면서 '가슴이 답답하거나 막막하다.'는 등의 느낌이 든다면 우리의 무의식 속 감정에 '달성이 어렵다.'라는 부정적 감정을 가지고 있음을 말하는 것이다. 이러한 결심은 욕심인 것이다.

 이럴 때는 마음 비우기를 통해 결심의 크기를 줄여나가면 목표가 된다. 기존의 결심인 2천만 원을 조금씩 낮추면서 우리의 무의식 속 감정이 부정적으로 반응하는지를 점검한다. 매달 8백만 원까지 결심을 낮추어도 가슴이 답답하다는 감정을 느낀다면 7백만 원, 6백만 원으로 계속 낮추어 가면서 감정을 체크하면 된다. 매달 3백만 원의 수입을 생각했을 때 '이건 가능하지 않을까?'라는 생각이 들면서 '가슴이 상쾌하거나 시원하다.'와 같은 느낌이 든다면 우리의 무의식 속 감정이 달성이 '가능하다.'라는 긍정적 감정을 가지고 있음을 말하는 것이다. 매달 3백만 원의 수입에 대한 나의 결심은 목표인 것이다.

마음 비우기를 통해서 결심의 크기를 줄이는 것에 대해 한심하다거나 현실에 순응하는 것이라고 여기는 사람이 있지만 이는 잘못된 생각이다. 마음 비우기는 자신에 맞는 맞춤형 해결책이다. 상대적으로 빠른 성취감으로 스트레스를 최소화하면서 단계적인 성취를 할 수 있는 지혜로운 방법이다.

이 방법은 자존감이 낮다고 생각하는 사람이 사용하면 더 효율적 성과를 거둘 수 있다. 작은 목표의 달성을 통해서 빠른 성취감을 느끼고 이를 통해 한 단계 높은 다음 목표를 잡을 수 있게 해준다. 그러다 보면 처음에는 욕심으로 느껴진 매달 2천만 원의 수입이 가능하게 된다.

자기 설득의 방법으로 욕심을 목표로 만들기

앞의 경우와 달리 이번에는 자기 설득Self persuasion을 통해 성취가 가능하다고 믿게 함으로써 목표로 만들 수 있다. 이 방식에서 가장 중요한 것은 '무리하게 느껴지는 결심이 가능할 수밖에 없는 확실한 이유'를 설득력 있게 풀어나가는 것이다. 설득력이 강하면 강할수록 욕심이라고 느껴진 것도 한 치의 의심

없이 바로 목표가 되어버릴 수 있다.

 자기 설득의 방식 중 가장 대표적인 것이 버킷 리스트Bucket List이다. 죽기 전에 이것은 반드시 해보고 싶다는 것을 적는 버킷 리스트는 자기 설득이 충분히 된다. 평소에는 엄두도 내지 못할 일이지만 죽음 앞에 설득이 되지 않을 일은 없다.

 이 방법은 자존감이 높다고 생각하는 사람이 사용하면 효율적인 성과를 거둘 수 있다. 자신의 잠재능력을 이미 믿고 있기 때문에 이유가 충분하기만 하면 자신을 설득하기도 쉽고, 내가 이룰 수 있다고 바로 믿어 버린다.

 Y 사장님은 크라우드 펀딩Crowd Funding을 통해 자금을 모으려고 계획하고 계셨다. Y 사장님의 최초 목표 모금액은 1천만 원이었다. "사장님 4천만 원은 충분히 모금하실 수 있을 것 같으신데요." Y 사장님은 "많이 모이면 좋지만, 그 정도까지 모일 수 있을까요?"

 Y 사장님은 자존감이 높은 분이기에 충분한 이유를 설명해

드렸다. "펀딩 기간이 총 50일이니까 하루에 80만 원 정도 모으신다면 4천만 원이 모이게 됩니다. 한 개에 3만 원 정도 하니까 하루에 27명의 후원자가 생기면 4천만 원이 모입니다. 1시간에 1명 이상 사장님의 제품을 후원하면 되죠. 이 정도는 충분히 가능하다고 생각이 드는데요." 그러자 Y 사장님은 "그 정도면 가능할 것 같아요. 목표 모금액을 4천만 원으로 높여도 되겠어요."

50일 후에 Y 사장님이 모은 총금액은 3천 9백만 원이었다. Y 사장님은 "펀딩이 끝난 이후로 개인적으로 구매하고 싶다는 분들이 연락이 와서 실제로는 총 4천만 원이 넘었어요."라고 감사의 인사를 하셨다.

자기 능력 이상의 목표를 설정하라.
그러면 언제나 열심히 살게 된다.

- 테드 터너 (Robert Edward Turner III) -

마음 비우기와 자기 설득을 모두 활용하다

돈을 벌어야겠다는 마음을 먹고 세운 첫 번째 결심은 '매달 천만 원 이상의 돈을 벌자.'였다. 돈이 너무 필요한 나머지 오기 하나만으로 질러 버린 결심이었다.

매달 천만 원 이상의 수입은 그 당시의 나로서는 상상조차 되지 않는 큰 금액인 데다가 이걸 당장 다음 달부터 가능하게 한다는 것은 어떤 이유를 들어봐도 '이룰 수 없는 것'이라는 부정적 느낌이 지배적이었다. 이 결심은 단지 욕심에 불과했다.

그래서 제일 먼저 한 것이 '마음 비우기'였다. 당장 다음 달부터라는 기간은 1년 후로 늦추었다. 그러자 '이건 해 볼 만해.'라는 느낌이 들었다. 하지만 여전히 천만 원 이상이라는 큰 액수에 대해서는 자신이 없었다. 너무 큰 액수라는 생각이 떠나질 않았다. 하지만 너무나 벌고 싶은 금액이었기에 '자기 설득'을 시작했다.

과거 중학생 과외를 했던 일을 떠올렸다. 그때 수입은 대략 시간당 2만 원쯤 되었다. "8년 전에 시간당 2만 원을 벌었으니까 물가 상승률을 따져도 지금은 시간당 한 3만 원은 충분히 벌 수 있겠지. 시간당 3만 원씩 하루에 12시간을 일하면 36만 원이 될 것이고 그렇게 한 달 동안 일하면 천만 원 이상은 벌 수 있어." 이 생각은 나를 설득할 충분한 이유가 되었다.

그렇게 자기 설득을 시작한 지 정확히 1년이 되던 날, 나는 매달 1,200만 원의 돈을 벌게 되었다. 하루에 12시간씩 일하고 3~4시간 정도만 자면서 1년 동안 열심히 살아온 결과 내가 원했던 목표를 실현한 것이었다.

자신은 할 수 없다고 생각하고 있는 동안은 그것을 하기 싫다고 다짐하고 있는 것이다.

그러므로 그것은 실행되지 않는 것이다.

- 스피노자 (Spinoza) -

4

목표를 찾는 방법은?

목표는 계속 바뀐다

예전에 나의 목표는 생활비를 버는 것이었다. 지금의 목표는 일을 줄이고 나와 가정에 더 많은 시간을 보내는 것이다. 물론 당장의 목표는 이 책을 멋지게 마무리하는 것이다.

'하루를 살더라도 행복한 삶을 살겠다.'는 것은 예전부터 지금까지, 계속되어진 나의 목표이다. 멘토Mentor가 되자는 나의 목표도 앞으로 오랫동안 바뀌지 않을 목표이다. 이처럼 오랜 시간 바뀌지 않을 목표라는 것도 나중에는 바뀔 수 있다. 죽음이 임박하게 되면 행복하게 살자는 목표도, 멘토가 되겠다는 목표도 전부 사라지고 삶의 마지막을 멋지게 정리하는 것이 인생의 목표로 바뀔 것이다.

이처럼 목표는 바뀌고, 사라지고, 생기길 반복한다. 우리가 목표를 세웠다고 하더라도 이것이 우리 인생에 있어 최종적이라고 할 수는 없는 것이다.

이러한 목표는 개인적 목표Personal goal와 공공의 목표Public goal 2가지로 나누어 생각할 수 있다. 개인적 목표란 우리 자신의 개인적 삶의 가치를 위한 목표를 말한다. 공공의 목표란 우리 자신의 개인적 삶을 넘어 사회적 가치 창출을 위한 목표를 말한다.

개인적 목표

"점심 메뉴는 무엇으로 할래?"라는 질문에 가장 많이 듣는 대답은 "아무거나 먹자."이다. 어제도 먹었고, 오늘도 먹고, 내일도 먹을 항상 먹을 수 있는 점심이기 때문에 자신이 먹고 싶은 음식을 찾으려 하지 않는다. 하지만 인생의 마지막 점심이라면 절대 아무거나 먹지 않을 것이다. 정말 먹고 싶은 음식을 생각해내고 이를 먹자고 말할 것이다. 이처럼 절박함은 우리 자신으로 하여금 깊은 성찰을 하게끔 도와준다.

그래서 개인적 목표를 찾을 때도 "우리가 살 수 있는 시간이 1년 남짓 남았다면 하고 싶은 것은 무엇인가?"라는 절박한 질문을 던져야 한다. 그래야 의미 있는 개인적 목표를 찾을 수 있게 된다.

개인적 목표는 한 가지여도 되고, 여러 가지라도 상관없다. 그냥 생각나는 것을 모두 적으면 된다.

나의 개인적 목표는 나 자신과 가정에 더 많은 시간을 보내는 것, 아내와 함께 세계여행을 다니는 것, 행복한 삶을 사는 것, 내가 집필한 책들과 읽고 싶은 책들이 가득 꽂혀 있는 서재에서 조용히 책을 읽는 것 등이 있다.

공공의 목표

공공의 목표를 찾을 때도 "우리가 살 수 있는 시간이 1년 남짓 남았다면 세상을 위해 어떤 가치 있는 일을 하고 싶은가?"라는 절박한 질문을 던져야 한다. 우리가 현재의 삶을 누릴 수 있는 것은 우리가 모르는 사람들의 도움이 있기에 가능한 것이다. 그렇기 때문에 우리도 그분들에게 기여해야 하는 책임감을 느껴야 한다.

사회에의 기여라는 것은 거창하고 대단한 것이 아니다. 또한 대단한 사람들만 할 수 있는 것도 아니다. 우리 같은 평범한 사람들도 작은 행동 하나로 얼마든지 사회에 기여할 수 있다. 비닐봉지 대신 에코백을 쓰는 것, 담배꽁초를 아무 곳에나 버리지 않는 것, 자원봉사를 하거나 매달 소정의 자선단체에 후원금을 내는 것 등이 사회에 기여하는 훌륭한 방법의 하나이다.

공공의 목표는 여러 가지보다는 가급적 하나 또는 두 개 정도로 정하기를 권한다. 인생에 있어서 가장 중요한 목표는 개인적 목표이지 공공의 목표가 아니다. 공공의 목표 때문에 개인적 목표가 소홀해져서는 안 된다. 여러 개의 공공의 목표를 달성하고자 한다면 자칫 개인적 목표가 소홀해질 수 있다. 그래서 공공의 목표는 최소한으로 정하고 대신 충실하게 이행하는 것을 권한다. 나의 공공의 목표는 지금 당장은 '멘토'라는 책을 완성하는 것이다. 그다음으로 내가 하고 싶은 공공의 목표는 나를 희망으로 이끌어 주신 멘토처럼 내가 '멘토'가 되는 것이다.

> 테레사 수녀님처럼 개인적 목표가 곧 공공의 목표인 분들이 계신다. 자신의 인생을 희생과 헌신으로 살아가시는 분들이다. 솔직히 나를 비롯한 일반적 사람들은 이런 삶을 따라 할 수 없을 것이다. 그렇기에 우리는 이런 분들을 '성인'이라고 부른다.

개인적 목표와 공공의 목표의 조화로움

G 씨는 자기 주위의 누군가가 아프다는 소식을 들으면 108배 기도를 한다. 주위 사람이 아프지 말고 건강해지길 바라는 마음으로 기도한다. 내가 아프다는 이야기를 들었을 때도 108배 기도를 해 주었다. G 씨의 108배 기도가 자신만의 사회 기여, 즉 공공의 목표였다.

"저를 위해서 기도를 해 주셨다니 참으로 감사합니다. 남을 위해 기도를 한다는 것이 쉽지 않은 일인데 그렇게 대단한 생각을 하시다니 존경스럽기까지 합니다."라고 감사의 인사를 했다. 그리고 이런저런 이야기를 주고받으면서 G 씨의 무의식 속 감정에 대하여 알게 되었다. G 씨는 결혼한 지 얼마 되지 않았는데, 가정에서 남편의 역할을 말없이 참고 견뎌내야 하는 희생의 존재로 생각하고 있었다. 가정이라는 개인적 목표에 대한 G 씨의 무의식 속 감정은 부정적이었다.

이번엔 내가 G 씨를 도와주고 싶었다.
"자신을 위한 기도를 해 보신 적은 있나요?"
G 씨는 순간적으로 당황스러워 보였다.
"저 자신을 위해 108배 기도를 해 본 적은 없네요."

"당신의 마음속에는 남편은 가정을 위해 참고 견디고 희생해야 하는 존재라는 생각이 많으신 것 같습니다. 그런 생각이 든다면 당신의 마음은 아픈 상태라 할 수 있습니다. 그럴 때는 자신이 아프지 않고 건강해지길 바라는 마음으로 자신을 위해 기도해야 합니다. 내가 없이 남이 있을 수 없습니다. 자신을 먼저 돌보세요. 그리고 다시 생각하세요. 가정이란 남편 혼자서 지키고 만들어가는 것이 아닙니다. 아내와 함께 만들어가는 겁니다. 서로 대화를 하면서 말이죠."

몇 달 뒤에 만난 G 씨에게 근황을 물어볼 필요도 없었다. 그는 전보다 자신감 넘치게 밝게 웃고 있었다. 이처럼 자신의 개인적 목표와 공공의 목표는 조화로워야 한다.

당신을 만나는 모든 사람이 당신과 헤어질 때는 더 나아지고 더 행복해질 수 있도록 하라.

- 테레사 수녀 (Teresa) -

5

침묵을 해야 할까?
말을 해야 할까?

개인적 목표는 침묵하라

우리가 개인적 목표를 밝힐 때는 주의할 필요가 있다. 나를 진정으로 아끼는 사람인지, 그렇지 않은지를 구분해야 한다.

나를 진정으로 아끼는 사람이라면 개인적 목표를 전부 말하고 진심 어린 조언을 구해야 한다. 진심 어린 격려가 담긴 조언은 칭찬이나 꾸짖음이 될 수도 있다. 이러한 격려를 통해 우리는 목표를 향한 추진력을 얻게 되고 빠르게 목표에 다다르게 된다.

하지만 나를 진정으로 아끼는 사람이 아니라면 우리의 개인적 목표에 비웃기도 하고, 시기나 질투를 해서 우리의 결실이 이루어지지 않기를 바라기도 한다. 우리의 목표가 이루어지지 않길 바라는 감정의 주파수에 의해 개인적 목표는 뜻하지 않는 장애와 부딪히게 된다.

진정으로 아끼지 않는 사람들은 왜 우리의 개인적 목표를 방해하려 하는 것일까?

우리가 개인적 목표를 달성하는 순간에 그것을 달성하지 못하고 있는 자신은 실패자가 되어 버리기 때문이다. 이런 이유로 우리가 가진 목표를 달성하지 못하길 바라는 비뚤어진 마음을 가진다.

"제가 집을 사고 싶어 친구에게 조언을 구했는데요. 너 월급에 무슨 집이냐고 핀잔을 주더라고요. 그 말에 '내가 생각을 잘못했나?' 싶고 의욕이 꺾이더라고요. 물론 월급의 반 이상을 원금과 이자 상환하는 데 쓰면 생활이 힘든 건 사실이에요. 선생님 제가 집을 사는 게 정말 주제넘은 짓일까요?" 취업 2년 차 L

씨의 이야기다.

나는 L 씨의 개인적 목표에 대해 현명한 결정이라고 칭찬했다. "월세로 60만 원씩 내고 임대 기간이 끝나면 이사할 집을 구할 걱정을 할 바에야 이자와 원금 상환까지 해서 매달 120만 원을 은행에 내고 내 집이 생기는 것이 더 나은 결정 같아요. 게다가 청년은 국가 지원 사업이 있으니 알아보세요. 집값이 오르게 되면 또 다른 수익이 생길 수도 있어요. 아무리 생각해도 집을 사는 게 맞아요." 이 말을 듣고 용기를 내서 L 씨는 집을 구매했다.

3개월 후 L 씨가 구매한 집은 7천만 원이 올랐다.

나를 진정으로 아끼는 사람에게는 우리의 개인적 목표를 밝히는 것이 좋을 수 있지만 그렇지 않은 사람들에게는 밝히지 않아야 한다. 만약 우리가 이 둘을 구분할 수 없다면 여러 가지 면을 비교해 보았을 때 차라리 침묵을 선택하라고 권한다. 개인적 목표를 외부로 밝히는 가장 좋은 방법은 말을 하지 않고 결과물을 보여주는 것이기 때문이다.

내가 말하지 않은 것은
한 번도 내게 해가 되지 않았다.

- 캘빈 쿨리지 (John Calvin Coolidge) -

공공의 목표는 말을 하라

우리가 공공의 목표를 밝히게 되면 주위 사람들은 너 나 할 것 없이 아낌없는 칭찬, 진심 어린 조언을 할 것이다. 개인적 목표와 달리 시기나 질투가 생기지 않는다.

왜 우리의 공공의 목표를 이토록 환영하고 진심으로 격려하는 것일까?

우리가 공공의 목표를 달성하는 순간에 자신도 그 수혜자에 포함될 수 있기 때문이다. 또한 공공의 목표는 개인이 성취했어도 우리 모두의 성공처럼 느껴지게 된다. 그런 이유로 이를 저지하거나 방해하려는 사람이 거의 없다.

또한, 공공의 목표를 외부로 밝히는 순간에 우리 자신에게 이를 지켜야 한다는 책임감을 느끼게 하는 힘도 있다.

프랜차이즈Franchise 대표 백종원 씨는 골목식당이란 프로에서 이런 말을 한 적이 있다. "음식점의 가격을 낮추는 이유는 다른 업체와 가격 경쟁에서 우위를 점하기 위한 것입니다. 그런데 방송에서는 그렇게 말하기 좀 그랬었는지 나도 모르게 고객 분들이 싸고 맛있게 드실 수 있도록 하는 것이 가격을 낮추어야 하는 이유라고 말을 했습니다. 그 이후로는 모든 인터뷰에서 그렇게 말을 할 수밖에 없게 되어 버렸습니다. 그러다 보니 지금은 제가 고객을 위한 장사를 해야 한다는 쪽으로 마음이 변해 버렸습니다."

우리의 공공의 목표는 이를 밝힘으로써 주위 사람들로부터 강력한 긍정의 에너지를 받게 된다. 이를 통해서 목표에 대한 긍정의 주파수는 더욱 강력해지고, 이런 강력한 주파수는 우리가 성취하고자 하는 목표를 더 빠르게 달성하게 만드는 엄청난 추진력이 된다.

우리는 우리가 가진 재능을 사용해 깊은 감정으로 표현하고
이전 시대에 이뤄진 모든 기여에 대해 고마움을 표현하고
그 흐름에 무언가를 추가하려고 노력한다.
이것이 나를 이끌어준 원동력이다.

- 스티브 잡스 (Steve Jobs) -

6

네가 좋아하는 일이 뭐야?

너무도 충격적인 질문이었다

"네가 좋아하는 일은 뭐야?"

우연히 받은 질문에 아무런 생각이 나지 않았다. 당연히 알고 있다고 생각한 질문에 대한 답이 생각나지 않으니 너무 이상했다. 아무리 생각해도 좋아하는 일이 무엇인지 단 한 번도 생각해 본 적이 없는 것 같았다.

잠시 후에 나 자신에게 침착하게 질문을 했다.

'지금 내가 하는 사법시험 공부는 좋아서 하는 게 아닌 거야?' 내가 던진 질문에 나는 "아니 내가 좋아서 한 거야."라는 반박을 하지 못했다.

그랬다.
내가 좋아서 하는 일이 아니었다.

초등학교부터 고등학교까지 의무적으로 했던 학교 공부처럼 법과 대학에 들어가면 당연히 해야 하는 공부로 생각하고 지금까지 했던 것이었다. 순간적으로 쇠망치로 머리를 얻어맞은 듯한 충격을 받았다. 그리고 좀 더 나아가 '지금까지 나는 어떤 생각을 하며 살았던 거지?'라는 질문에까지 이르게 되었다.

그 답을 찾아야겠다고 결심했다.

자신을 알려고 관심을 가진 적이 없었다

다른 사람을 만날 때면 '이 사람은 자신이 좋아하는 일을 하고 있을까?'라는 궁금증이 생기기 시작했다. 그래서 실례가 되지 않는 범위에서 "지금 하시는 일이 좋아서 하시는 일인가요?"라고 물어보았다.

거의 전원에 가까운 사람들이 자신이 좋아하는 일에 대해서 구체적 답변을 하지 못했다. 다만 그들은 "내가 좋아하는 일은 잘 모르겠지만, 하나 확실한 건 지금 내가 하는 일이 좋아하는 일은 아니라는 거야. 세상에 자신이 좋아하는 일을 하고 사는 사람이 얼마나 있겠냐? 다 이렇게 사는 거지."라는 말을 해 주었다. 나뿐만 아니라 다른 사람들도 자신이 좋아하는 일에 대해서 정확하게 알지 못하고 있었다.

그럼 왜 우리는 좋아하는 일에 대한 질문에 답을 하지 못하는 것일까?

나는 이 의문에 대해서 생각하다가 직감적으로 어떤 일이 떠올랐다. 친구가 우리 집에 놀러 오면서 부모님 드릴 과일을 사온다는 것이었다. "아버지, 어머니는 무슨 과일을 좋아하셔?" 라고 나에게 물었는데. "글쎄 가리시는 것은 딱히 없는 것 같은데, 무엇을 좋아하시는지는 잘 모르겠다."라고 답을 한 적이 있었다.

이렇게 답을 하고 나서야 '아! 내가 아버지와 어머니에 대해서 정말 모르는구나. 어떤 과일을 좋아하시는지조차 모를 정도로 무관심했구나.' 하는 후회를 했다. 부모님에게 무관심했기 때문에 부모님이 좋아하는 과일조차 몰랐던 것이었다.

이 일을 통해 좋아하는 일에 대한 답변을 하지 못했던 이유를 찾을 수 있었다. 나 자신에게 무관심했기 때문에 내가 좋아하는 일이 무엇인지에 대한 질문에 답을 하지 못한 것이다.

"네가 좋아하는 일은 뭐야?"라는 질문은 '자신을 알려고 관심을 가져 본 적이 있는가?'라는 의미를 가지고 있었던 것이다.

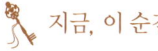 지금, 이 순간

우리의 삶을 살기 위한 가장 중요한 질문을 던져라.

'내가 좋아하는 일은 뭐지?'

이 질문을 하고 생각을 하는 것 자체로 자신에 대한 관심의 첫걸음을 내딛게 된 것이다. 자신을 알아가기 위한 여행이 시작된 것이다. 우리는 어떠한 상황에서도 타협과 포기 없이 이 질문의 답을 찾아야 한다.

이 세상에서 제일 중요한 것은

어떻게 하면 내가 정말 나다워질 수 있는가를 아는 것이다.

- 몽테뉴 (Montaigne) -

7

좋아하는 일을 찾는 방법은?

좋아하는 일을 찾을 때 주로 하는 실수

"좋아하는 취미가 있나요?"라고 사람들에게 물어보면 쉽게 답을 한다. 그런데 "좋아하는 일이 있나요?"라고 질문을 바꾼다면 쉽게 답을 하지 못한다.

취미와 다르게 일에 대한 질문에 쉽게 답을 하지 못하는 이유는 무엇일까?

좋아한다는 것은 상대적 개념이다. 지금은 좋아하지만 나중에는 좋아하지 않게 될 수도 있고 더 좋아하게 될 수도 있다.

좋아한다는 것은 이처럼 바뀔 수 있는 것이다.

좋아하는 취미가 뭐냐고 묻는다면 옛날에는 농구나 등산 같은 운동을 취미로 즐겼지만, 요즘에는 차분히 명상하고 스트레칭하는 것을 취미로 즐기고 있다고 말할 수 있다.

하지만 '좋아하는 일'이라고 묻는다면 '좋아하는 취미'와는 다르게 생각의 유연성이 떨어지게 된다. 좋아하는 일은 평생에 걸쳐서 변함없이 좋아하는 것이라고 생각한다. 좋아하는 일은 바뀔 수 없는 것이라고 생각해 버린다.

그러면 왜 '좋아하는 일'에 대해서는 생각의 유연성을 가지지 못하는 것일까?

'좋아하는 일'이라는 것이 직업과 연관된 느낌을 주기 때문이다. 즉 좋아하는 일은 곧 직업이라고 생각하게 된다. 부모님께 "제가 제일 좋아하는 일은 게임입니다."라고 말을 한다면 부모님은 "평생 게임만 하면서 먹고 살 수는 있을 것 같니? 정신 차려."라고 하시며 우리의 인생 전체를 걱정하시게 되는 것도 같은 이유이다.

 우리는 직업을 얻기 위해서 큰 노력과 시간 그리고 비용을 지불한다. 그렇다 보니 한 번의 선택이 최선이자 최종의 선택이 되길 바라는 마음이 있다. 그런 이유로 '좋아하는 일'은 바뀔 수 있는 것이란 생각을 하지 못하게 된다.

 처음으로 집을 구하는 사람들이 평생 살 집을 구하려는 이유도 집을 구하기 위해서 많은 노력과 시간 그리고 특히나 많은 비용을 지불하기 때문이다. 한 번의 선택이 최종의 선택이 되길 바라는 마음이 집을 살 때도 나타나게 된다. 부동산 전문가들은 몇 년 후에 더 좋은 집으로 옮긴다는 생각을 가지고 집을 구매하라고 조언을 한다. 평생 살 집을 찾는다고 생각하고 집을 구하는 것보다 좋은 집을 구할 확률이 더 높아진다고 한다.

 '좋아하는 일'을 찾는 것도 이와 같다. 나중에 더 좋아하는 일이 생길 수도 있다는 생각으로 현재 좋아하는 일을 찾으면 진짜 좋아하는 일을 찾을 확률이 더 높아진다.

위대한 일을 하는 유일한 방법은

여러분의 하는 일을 사랑하는 겁니다.

아직 그런 일을 찾지 못했다면 계속해서 찾아보세요.

현실에 안주하지 말고,

여러분이 사랑하는 일을 찾으세요.

- 스티브 잡스 (Steve Jobs) -

현재 좋아하는 일은 무엇인가?

좋아하는 일에서 '일'이란 단어는 직업에 국한된 표현이 아니다. 나의 활동 전반이라고 생각하면 된다. '좋아하는 일'이란 내가 '좋아하는 활동'을 말한다.

그렇기 때문에 '좋아하는 일을 찾는 것'은 현재까지 경험했던 활동 중에서 좋은 기억이 남았던 활동을 찾는 것이다. 즐거웠거나 쾌감을 느꼈던 기억의 활동을 찾아서 순서에 상관없이 일단 적어본다. 그러면 내가 '좋아하는 일'들의 목록이 작성되게 된다.

내가 즐거워했던 활동이 인생에 별반 도움이 되지 않을 것으로 보여도, 직업으로 삼기에 부족해 보여도, 돈을 벌 수 없을 것 같아 보여도, 남에게 인정받지 못할 것처럼 보여도 빠짐없이 적어야 한다.

만약 우리가 일정한 기준을 정해버리고 그에 해당하는 것만을 기재하려 한다면 우리의 기억은 경직이 될 것이고 다양한 기억을 끄집어내지 못하게 된다. 그렇기에 좋은 기억으로 생각이

나는 것들은 전부 적어야 한다. 우리의 신경도 활동에서 느꼈던 감정에만 집중해야 한다. 얼마나 즐거워했는지, 쾌감의 정도가 어떠했는지를 기억해 내야 한다.

좋아하는 일을 전부 적다 보면 유사한 것들이 중복해서 써질 것이다. 목록이 지나치게 세분되면 좋아하는 일을 찾는 데 오히려 방해가 된다. 따라서 유사하다고 생각되는 것은 하나로 묶어야 한다. 그다음으로는 자신이 기억하는 감각의 강렬함에 따라 순위를 매겨야 한다. 즐거웠거나 쾌감의 강도가 강할수록 상위권의 순위를 부여한다. 이렇게 하면 현재 자신이 '좋아하는 일'이 순서대로 정해질 것이다.

내가 좋아하는 일	순위
청소 후 깨끗하고 정돈된 것을 좋아한다.	3
운동 후에 상쾌함을 좋아한다.	5
남에게 도움이 될 만한 정보를 알려주는 것을 좋아한다.	1
음식을 배불리 먹는 것을 좋아한다.	4
자료 정리하는 것을 좋아한다.	2

이 표는 과거에 내가 수첩에다 적어놓은 것을 옮겨놓은 것일 뿐이다. ①공부내용을 정리해서 가르쳐주는 것을 좋아한다. ②맛집을 알려주는 것을 좋아한다. ③공부 방법과 자료 활용법 등을 알려 주는 것을 좋아한다. ④체력관리 방법을 알려주는 것을 좋아한다. ①~④를 '남에게 도움이 될 만한 정보를 알려주는 것을 좋아한다'로 묶어 정리하여 1순위 좋아하는 일로 기재했다.

내가 좋아하는 일	순위

자신이 좋아하는 일을 써보자.

좋아하는 일을 계속 추가하자

좋아하는 일을 추가하는 방식으로 가장 추천하는 것은 직접 체험을 하는 것이다. 체험을 통해 즐거움과 쾌감의 정도를 직접 느끼는 것이 제일 정확한 판단을 할 수 있기 때문이다. 일상생활에서 새로운 경험을 추가하는 것도 좋고, 일상생활을 벗어나 새로운 환경에서 색다른 경험을 추가해도 좋다. 추가되는 경험이 많아질수록 좋아하는 일이 많아지게 되고, 동시에 기존의 좋아하는 일에 대한 선호도도 더욱 명확해진다.

가능하면 직접 경험할 것을 추천하지만 이 모든 것을 경험하기에는 시간적, 공간적인 제약이 따를 수밖에 없다. 그래서 그 분야에 계시는 분들로부터 정보를 얻거나 조언을 구하는 것도 차선책으로 괜찮은 방법이다. 마치 물건을 사기 전에 구매평을 꼼꼼히 체크하듯이 말이다. 또한 독서나 미디어를 통해서 간접적인 정보를 얻는 것도 괜찮다.

좋아하는 일이 추가되면 좋아하는 일에 대한 선호도의 순위를 다시 매겨야 한다. 기존의 좋아하는 일에 대한 선호도가 바뀔 수도 있다. 만약 순위가 바뀌지 않았다 하더라도 지금의 일을 내가 얼마나 좋아하는지를 재차 확인하는 의미도 있다.

내가 좋아하는 일	순위
청소 후 깨끗하고 정돈된 것을 좋아한다.	4
운동 후에 상쾌함을 좋아한다.	6
남에게 도움이 될 만한 정보를 알려주는 것을 좋아한다.	1
음식을 배불리 먹는 것을 좋아한다.	5
자료정리를 하는 것을 좋아한다.	3
게임을 해서 남을 이기는 것을 좋아한다.	2

이 표에서는 내가 좋아하는 일이 추가되었는데 그때 당시 친구들과 휴대폰 게임으로 기록을 갱신하는 것을 경쟁적으로 즐기고 있었다. 선호도 순위를 2순위로 매겼다. 기존의 2순위인 자료정리는 3순위로 밀려났다.

모든 소년, 소녀는 설령 돈이 필요 없다 해도 나중에 하고 싶은 직업을 미리 체험할 기회가 있다면 해봐야 한다.

- 윌리엄 라이온 펠프스 (William Lyon Phelps) -

8

좋아하는 일을 하면 어때?

좋아하는 일을 하면 어떤 효과가 나타날까?

나의 경험으로는 크게 3가지 정도가 확연하게 달라졌다. 우선 일에 열정이 생기고, 지속적으로 할 수 있고, 힘든 순간에 인내할 수 있게 된다.

시험 준비를 위해 공부했던 민법民法은 시험과목 중에서 최고의 난이도를 자랑했다. 책을 읽다 보면 이해하기 어려운 내용이 즐비했다. 처음에는 이해하려고 노력을 하다가 이해가 안 된다 싶으면 이해를 포기하고 그냥 암기해 버렸다.

한 시간 정도 책을 읽으면 머리를 식히기 위해서 커피 한 잔을 마시러 나가야만 했을 정도로 어려운 과목이었다. 그렇게 커피 한 잔을 마시고 간단한 산책을 한 후에야 다시 공부를 할 수 있었다.

시험 준비를 그만두고 나서 민법 강사가 되었다. 남에게 도움이 될 만한 정보를 알려주는 것을 좋아하는 나에게는 최고의 일이었다. 어렵게 느껴지는 민법을 쉽게 알려주고 싶었다.

강의 준비를 위해 민법을 공부하는 나의 자세는 예전과는 너무도 달랐다. 우선 열정이 생기면서 전에는 신경조차 쓰지 않았던 단어의 의미부터 찾아보기 시작했다. 단어의 의미를 정확히 알게 되면서부터 책의 내용도 전보다 더 많이 이해되기 시작했다.

한번 책을 읽기 시작하면 전과 다르게 3~4시간씩 읽었고, 하루에 평균 12시간 이상을 책을 읽고 공부했다. 이런 생활이 매일 같이 반복되어도 지루함을 전혀 몰랐다. 전에는 가지지 못했던 엄청난 지속성이 생긴 것이다.

그러다가 이해가 안 되는 부분이 나오면 다른 책을 찾아보기도 하고, 밥을 먹을 때도 길을 걸을 때도 계속 생각을 했다. 나중에는 그런 내 모습이 꿈속에 나올 정도였다. 옛날 같은 포기는 더는 없었다.

이렇게 민법 공부를 하다 보니 전에 보이지도 않았던 민법의 체계적인 흐름이 보이기 시작했다. 민법이 너무 재미있어졌다. 강의를 준비한다는 자세로 시험공부를 했다면 수석으로 합격하지 않았을까 싶을 정도로 공부에 흠뻑 빠졌다.

같은 민법 책을 읽었지만 좋아하는 일을 하는 나와 그렇지 않았던 옛날의 나는 너무도 달랐다. 옛날에 없었던 열정과 지속성, 인내심이 생긴 것이다.

"많은 분이 우리가 하는 일에 대해 '열정'을 가지라고 합니다. 그 일은 우리가 할 수 없을 정도로 힘들기 때문에 근심이 끊이지 않습니다. 그리고 그 일을 '지속'적으로 해야 합니다. 본인이 사랑하지 않는 일을 참고 견딜 사람이 누가 있나요? 그래서 그 일을 사랑하지도 즐길 수도 없다면 대다수의 사람은 이를 포기

합니다. 결국 성공한 사람들과 그렇지 않은 사람들을 살펴보면 성공한 사람들은 그들이 한 일을 사랑했습니다. 그래야 정말 힘들었을 때 '인내'할 수 있습니다. 따라서 우리가 그 일을 사랑하지 않고서는 우리는 실패할 겁니다. 우리는 그것을 사랑해야 합니다. 그래야 우리는 열정을 가질 수 있습니다." 이 말은 스티브 잡스가 했던 말이다.

나는 그의 말을 통해서 진정 내가 좋아하는 일을 하고 있다는 확신을 얻을 수 있었다.

열정이란

그 위에 머뭇거림의 잡초가

결코 자랄 수 없는 화산이다.

- 칼릴 지브란 (Kahlil Gibran) -

9

재능의 역할은 무엇인가?

재능이란 무엇인가?

음악적 재능, 운동적 재능, 공부를 잘하는 재능 등은 누구나 인정하는 재능이다. 그러기에 이런 재능을 가진 사람을 보면 부러워하게 되고, 우리에게도 이런 재능이 있었으면 하고 바라게 된다.

반면에 빠른 손놀림을 가지고 있거나 과일을 예쁘게 깎거나 정리정돈을 잘하거나 사람들 이름을 잊어버리지 않는 것 등에 대해서는 재능이라고 인정하지 않는다. 우리에게 이런 재능이 있었으면 하고 바라지 않는다. 심지어 "에이 저게 무슨 재능이야?"라고 무시하기도 한다. 이처럼 별 볼 일 없다고 생각하는 것들도 모두 우리가 가진 재능이다. 이런 것들을 재능이라고 인식하지 못한다면 우리는 우리 자신의 재능을 영원히 발견하지 못할지도 모른다.

강사 O 씨는 유명 강사가 되길 원했다. 그에게는 다른 강사와는 달리 '사람의 이름을 잊어버리지 않는' 재능이 있었다. 그래서 강사 O 씨는 자신의 수강생들의 이름을 모두 외우기 시작했다. 쉬는 시간에 복도에서 만날 때에도, 식당이나 커피숍에서 우연히 마주칠 때도 수강생 개개인의 이름을 정확히 불러주었다. 자신을 기억조차 못 하셨을 것이라고 생각했던 수강생들은 자신의 이름을 기억해서 불러주는 O 씨에게서 하나의 인격체로 존중을 받는다는 감동을 받기 시작했다. 이런 감동은 다른 학원 수강생에게까지 알려지게 되었고 이런 강사 O 씨에게 학생들이 몰리게 되었다. 결국 강사 O 씨는 자신의 재능을 활용해서 유명 강사가 되었다.

재능은 타고난다.

하지만

평생 자신의 재능을 모르고 사는 사람들이 대부분이다.

- 노자 (老子) -

재능은 성공을 쉽게 이끈다

재능이란 쉽게 말해서 남들과 다른 차별성이다. 이러한 차별성이 남들보다 자신을 돋보이게 만들어 준다. 그렇기 때문에 같은 노력을 하더라도 재능이 있는 사람이 재능이 없는 사람보다 성공할 확률이 높아진다.

나는 '운전'에는 재능이 없다. 8년간 운전을 해도 능숙해지지 않고 탑승한 사람에게 안정감을 주지도 못한다. 어느 정도로 운전에 미숙하냐면 내가 차를 산다면 운전사를 함께 고용하지 않으면 안 될 정도이다.

이러는 나도 강의에서만큼은 재능이 있는 것 같다. 민법이라는 과목을 다양한 사례로 이해하기 쉽게 설명을 해준다는 평가를 받는다. 나름 다른 강사와의 차별성이라고 할 수 있다. 그래서 강의를 해 달라는 제안을 계속해서 받는다. 하지만 운전을 부탁받은 적은 단 한 번도 없다.

만약 내가 운전과 관련된 직업을 가졌다면 아무리 노력을 했더라도 강의만큼의 후한 평가를 받지는 못했을 것이다. 자신에게 맞는 재능을 활용하게 되면 적은 노력으로 빠른 시간 내에 성공할 수 있다. 그래서 우리는 각자의 재능을 찾을 필요가 있다. 참고로 성공한 사람들 모두가 자신의 재능을 적극적으로 활용하고 있다.

모든 사람은 천재다.
하지만 물고기들을 나무 타기 실력으로 평가한다면 물고기는 평생 자신이 형편없다고 믿으며 살아갈 것이다.

- 알버트 아인슈타인 (Albert Einstein) -

재능을 활용하지 못하면 성공할 수 없는가?

 그러나 대부분의 사람은 자신의 재능이 무엇인지 찾으려 하지 않는다. 찾으려고 해도 재능에 대한 잘못된 편견으로 인해 보지 못하는 재능도 많다. 이런 이유로 재능을 활용하지 못하고 있다.

 자신의 재능을 활용하지 못한다고 해서 성공을 하지 못하는 것은 아니다. 다만, 재능이 없는 분야에서는 재능이 있는 사람과 같은 노력을 해도 성공할 확률이 낮게 된다. 재능이 없는 분야에서 성공하고 싶다면 재능이 있는 사람에 비해서 더 많은 시간과 노력을 들여야 한다. 이런 과정에서 지쳐 좌절을 하기도 하고 심할 경우에는 자존감이 떨어질 수도 있다.

 결과적으로 재능이 없는 분야에 도전하는 것보다는 재능이 있는 분야를 도전하고 노력을 하는 것이 우리 인생의 시간과 노력의 낭비를 줄일 수 있고 더 빠른 성공에 이르게 해준다.

 나의 경우에 운전에 능숙해지기 위해 시간과 노력을 들여 연습하는 것보다는 그 시간과 노력만큼 강의 준비를 하는 것이 더욱 효율적일 것이다. 차량 운전은 완전 자율주행차량이 나오면 이를 사거나 운전사를 고용하면 된다.

거의 모든 사람이
자신에게 없는 재능을 드러내 보이려고 인생을 허비한다.

- 새뮤얼 존슨(Samuel Johnson) -

10

재능을 찾기 위한 방법은?

재능의 특성

'좋아하는 일'이란 것은 내 감정의 기억이다. 어떤 일이 나에게 쾌감을 주었는지, 어떤 일에 더 강한 쾌감을 느꼈는지는 전적으로 나의 감정에 의지할 수밖에 없다. 주위의 사람들에게 "내가 어떤 일을 좋아하는 것 같아?"라고 묻는다면 "그걸 내가 어떻게 알아?"라는 답을 듣게 될 것이다.

그런데 '재능'이라는 것은 이와 반대이다. 재능이라는 것 자체가 남들과 비교를 해야 비로소 알 수 있기 때문에 남들이 알려주는 방식으로 파악할 수밖에 없다. "네가 보기에 나에게 어떤 재능이 있는 것 같아?"라고 묻는다면 "(나는 못 하지만) 너는 이런 부분을 잘하더라. 재능이 있는 것 같아."라는 대답을 듣게 될 것이다.

나는 예전에 운전을 제법 괜찮게 한다고 생각했다. 그런데 주위 사람들이 전부 다 운전을 못 한다고 말하는 것이다. 그때서야 비로소 운전에 재능이 없다는 것을 알게 되었다. 이처럼 '어느 분야에 재능이 있는지'는 '좋아하는 일'과 달리 자신이 평가하기가 쉽지 않다.

남들과 비교할 수 있는 수단이 있는 경우

음악적 재능, 운동적 재능, 공부를 잘하는 재능 등은 누구나 인정하는 재능이다. 그런데 왜 이런 것들만 누구나 인정하는 재능이 되었을까?

누구나 인정할 수 있는 재능이 되기 위해서는 먼저 재능의 정도를 판단할 수 있는 객관적 기준을 갖추어야 한다. 그리고 그 기준에 따라 재능을 비교해 등수를 매겨야 한다. 이러한 기준을 갖춘 것들은 누구나 인정할 수 있는 재능이 되는 것이다.

음악 콩쿠르에서 등수에 따라 음악적 재능을 판단할 수 있고, 각종의 데이터나 대표 선발 여부에 따라 운동적 재능을 판단할 수 있다. 성적의 등수에 따라 공부 잘하는 재능을 판단할 수 있다. 이 중에서 공부를 살펴본다면, 공부는 주위에 비교 대상이 항상 존재하고 전국적으로 시험을 보기 때문에 전국 단위의 재능 평가도 가능하다.

남들과 비교할 수 있는 수단이 없는 경우

이런 객관적 판단 기준이 없는 분야에서는 우리가 가진 재능을 쉽게 찾을 수가 없다. 빠른 손놀림을 가지고 있거나 과일을 예쁘게 깎거나 정리정돈을 잘하거나 사람들 이름을 잊어버리지 않는 것 등은 이런 이유로 재능이라고 인식되지 않는 것이다.

이런 분야는 남에게 물어가면서 재능을 파악해야 한다. 우선 우리의 기억 속에서 남들이 나에게 해주었던 평가의 말들을 생각해보자. 그들은 나의 어떤 점을 부러워했는가? 나에 대한 어떤 칭찬을 한 적이 있는가? 분명히 있을 것이다. 아주 자잘한 것까지 생각해보자. 그리고 생각나는 대로 적어보자. 조금이라도 나의 재능이라고 남이 인정한 것 같다고 느낀 것이 있다면 주저 없이 적어야 한다.

"너는 팔다리가 시원시원하게 길고 쭉 뻗은 것 같아."
"너는 어떤 일이든 해결될 때까지 집요하게 붙잡고 있어."
"너는 일을 신중하게 처리하는 것 같아."
"너는 물건은 잘 관리해서 오래 쓰는 것 같다."
"네가 말발이 있긴 하지."
"너는 성격이 밝고 긍정적인 것 같아."

주위에서 해주었던 이런 모든 말들이 바로 당신의 재능이다.

남들의 평가가 생각나지 않을 때는 친한 사람들에게 나의 재능을 물어볼 수도 있다. 질문할 때에는 솔직하고 편안한 답변을 들을 수 있도록 해야 한다. "내가 이런 재능이 있다고 보이진 않니?"라는 식으로 자기 생각에 동조를 구하는 질문을 해서는 안 된다.

나의 재능에 대한 상대방의 의견을 들었다면 이를 내 생각으로 재평가를 해서는 안 된다. 내가 생각지 못한 부분을 재능이라고 이야기했다고 해서 "너는 나에게 평소 관심이 없었구나."라고 구박하거나 "나에게 그런 재능이 있다고? 네가 잘못 본 것 아니야?"라고 무시해서도 안 된다.

또한, 사람들은 자신만의 기준에서 나의 재능을 말할 것이기 때문에 다양한 의견이 나올 수 있다. 그렇기에 모든 사람이 일관되게 주장하는 나만의 확실한 재능이 있을 것이라는 기대를 하지 마라.

하지만 답변이 애매하다면 질문을 통해 그 의미를 명확하게 해야 한다. 나는 "너의 말에는 전달력이 있는 것 같아."라는 답변을 들었다. 그래서 "전달력이라는 것이 어떤 의미야?"라고 재차 질문했다. 남의 의견을 묻기로 한 이상 답변에 나의 자의적인 평가나 해석이 들어가서는 안된다.

"글쎄 무엇이라고 정확하게 말하진 못하겠지만 네가 말하면 일단 집중이 잘되고 네가 말하고자 하는 것이 이해가 잘 된다는 느낌이 들어.", "그래? 발음이나 목소리 톤, 말의 순서, 제스처 등 여러 가지가 있을 수 있는데 그중에서 어떤 점 때문인 것 같아?" 조금 더 구체적인 질문으로 명확한 답변을 유도하는 것이 필요하다. 이런 구체적인 질문은 명확한 답변을 위해 답변자가 깊이 있는 생각을 하도록 만든다.

"너는 비유를 통한 설명을 잘하는 것 같아. 그 비유가 재미있어서 그런지 집중도 잘 되고, 무엇을 말하고 싶은지 전달도 잘 되는 것 같아. 그리고 오랫동안 기억에 남더라."

좋아하는 일	나의 재능
ⓐ 남에게 도움이 될 만한 정보를 알려주는 것을 좋아한다.	① 글씨를 잘 쓴다.
	② 요약을 잘한다.
	③ 발음이 정확하고 목소리가 잘 들린다.
	④ 청소를 잘한다.
	⑤ 손의 악력이 세다.
	⑥ 발목이 가늘어 예쁘다.
	⑦ 말할 때 사용하는 비유가 재미있고 기억에 남는다.
	⑧ 상담을 잘해 준다.

이 표에서는 내가 제일 좋아하는 일을 왼쪽에 적고 남들이 말해 준 나의 재능을 우측 편에 적었다. 재능에다가 자신이 좋아하는 일을 더 하기 위해서 2가지 내용을 하나의 표로 만들었다.

우리가 좋아하는 일에다가 재능을 더하면 어떻게 될까?

우리가 성공할 확률이 어마어마하게 높아질 것이다. 우리가 목표를 성취하는데 있어서 최적의 효율성을 자랑하게 된다. 이를 좋은 재능Good talent이라고 부른다.

나의 재능	좋은 재능
ⓐ + ①	글씨를 사용하며 정보를 전달하자.
ⓐ + ②	내용을 요약해서 정보를 전달하자.
ⓐ + ③	정확한 발음으로 정보를 전달하자.
ⓐ + ④	×
ⓐ + ⑤	×
ⓐ + ⑥	×
ⓐ + ⑦	비유를 통해서 재미있게 정보를 전달하자.
ⓐ + ⑧	상담을 통해서 정보를 전달하자.

이 표에서는 내가 좋아하는 일과 1순위의 재능을 더한 좋은 재능을 적어놓았다. 이때 좋아하는 일과 재능을 최대한 연결을 시켜야 한다. 연결되지 않는 것들은 굳이 적을 필요가 없다.

좋아하는 일	나의 재능
ⓐ	①
	②
	③
	④
	⑤
	⑥
	⑦
	⑧
	⑨
	⑩

좋아하는 일과 나의 재능을 써보자.

나의 재능	좋은 재능
ⓐ + ①	
ⓐ + ②	
ⓐ + ③	
ⓐ + ④	
ⓐ + ⑤	
ⓐ + ⑥	
ⓐ + ⑦	
ⓐ + ⑧	
ⓐ + ⑨	
ⓐ + ⑩	

좋아하는 일에 재능을 더하자.

목표를 달성할 수 있는 적합한 방법인가?

목표에 필요한 것을 정리해라

우리가 정리한 '좋은 재능Good Talent'을 활용해서 우리가 가진 개인적 목표와 공공의 목표를 달성할 수 있을지를 살펴보아야 한다. 그러기 위해서 목표 달성에 필요한 것들이 무엇인지를 먼저 정리할 필요가 있다.

나의 개인적 목표는 '나 자신과 가정에 더 많은 시간을 보내는 것, 아내와 함께 세계여행을 다니는 것, 행복한 삶을 사는 것, 내가 집필한 책들과 읽고 싶은 책들이 가득 꽂혀 있는 서재를 갖는 것' 등이다.

이 중에서 '나 자신과 가정에 더 많은 시간을 보내는 것, 행복한 삶을 사는 것' 등의 목표를 달성하기 위해서 필요한 것은 나 자신의 여유로운 마음가짐이다. '아내와 함께 세계여행을 다니는 것'을 위해서는 출근이 자유로운 직업과 상당한 돈이 필요하다. '내가 집필한 책들과 읽고 싶은 책들이 가득 꽂혀 있는 서재를 갖는 것'을 위해서는 서재가 있는 큰 집이 필요하고, 꾸준한 집필 활동으로 책을 계속 내야 한다.

나의 공공의 목표는 '멘토' 책을 완성하는 것과 진정한 '멘토'가 되는 것이다.

'멘토'라는 책은 올해 안에 출간될 수 있도록 최선을 다하고 있다. '멘토'가 되기 위해서 필요한 것은 문제를 파악하는 통찰력과 이를 해결할 수 있는 지혜가 필요하다. 그리고 타인에게 선한 영향력을 미칠 수 있는 기회도 꼭 필요하다. 이를 위해서는 나 자신의 내면 성장을 게을리해서는 안 된다.

목표달성에 필요한 것들은 외부적으로는 출근이 자유로운 직업과 상당한 돈, 꾸준한 집필과 타인에게 선한 영향력을 미칠 수 있는 기회일 것이다. 내부적으로는 자신의 내면 성장이 필수적이다.

좋은 재능의 연관성을 찾아라

앞서 써 내려간 각각의 좋은 재능을 보는 순간 번뜩 떠오르는 직업군을 기재한다. 나 같은 경우 정보를 전달하는데 글씨를 써가며 요약정리, 발음과 비유 등을 사용하는 직업군으로 제일 먼저 떠오른 것이 교육 관련 일이었다. 교육 관련 일을 하다 보면 상담은 자연스럽게 이루어질 것이다.

최근에는 상담 관련 일도 심리상담, 직업상담, 진로 상담 등 여러 형태로 두각을 나타내고 있다. 하지만 상담은 교육 관련 일보다 글씨나 내용의 요약, 발음과 비유 등의 좋은 재능이 차지하는 비중이 떨어진다. 하지만 별도의 영역으로 충분히 인정할 수는 있었다.

> 우측 표에서는 좋은 재능 5가지를 왼쪽에 별도로 다시 기재했다. 이를 보고 번뜩 떠오른 2개의 직업군을 그 옆에 적었다.

좋은 재능	직업군
글씨를 사용하며 정보를 전달하자.	교육 관련 일 · 상담 관련 일
내용을 요약해서 정보를 전달하자.	
정확한 발음으로 정보를 전달하자.	
비유를 통해서 재미있게 정보를 전달하자.	
상담을 통해서 정보를 전달하자.	

좋은 재능	직업군

나의 좋은 재능을 보고 번뜩 떠오른 직업군을 적어보자.

교육 관련 일과 목표 달성 여부

교육 관련 일은 좋은 재능을 최대한 활용할 수 있는 최적의 일이었다. 내가 조사한 바에 의하면 교육 관련 일은 크게 2가지로 나누어졌다. 학교의 선생님이나 대학교 교수님처럼 일정하게 돈을 받는 직장인 형태의 직업과 학원 강의처럼 본인의 능력에 따라 수입의 차등이 생기는 개인사업 형태의 직업으로 구분되었다.

교육 관련 일을 직장인 형태로 하는 것은 출근이 자유롭지 못하다는 단점이 있다. 매일 정해진 시간에 수업을 해야 하기 때문에 임의로 출근을 조절하기가 쉽지 않다. 수입은 월급 형태이기 때문에 일정하게 정해져 있다. 뇌물을 받거나 하지 않는 이상 벌 수 있는 수입에 한계가 있다.

목표 달성에 필요한 여타의 다른 것을 비교할 것도 없이 나의 목표를 달성함에는 적합하지 않은 직업이라고 판단되었다. 그래서 학교의 선생님과 대학교 교수님은 내가 해야 할 직업에서 제외시켰다.

교육 관련 일을 개인사업 형태로 하게 되면 우선 출근이 자유로웠다. 학교처럼 꾸준히 출근하는 것이 아니라 일정 기간만 출근하면 그 뒤에는 한동안 출근하지 않아도 되었다. 수입이 일정하게 보장되는 것은 아니지만 나의 능력과 노력에 따라 수입을 높일 수 있다는 점에서 큰 장점이 있었다.

강의에 필요한 교재를 만들어야 하기 때문에 꾸준한 집필은 당연한 일 중의 하나였고, 강의를 들으시는 분들에게 선한 영향력도 미칠 수 있었다. 교육 관련 일에 종사한다는 그 자체만으로도 내면의 성장을 소홀히 할 수 없으리라 생각했다. 학원 강사라는 직업은 나의 목표를 전부 달성하기에 충분한 조건을 모두 갖추었다.

그래서 학원 강사를 나의 직업으로 선택했다. 학원 강사를 나의 직업으로 선택했기 때문에 상담 관련 일에 대해서는 별도의 검토를 하지 않았다.

교육 관련 직업군	목표 달성
학교의 선생님 or 대학의 교수님	자아의 지속적인 성장 - 가능
	매일 출근하지 않아도 되는 직업 - 불가
	상당한 돈 - 불가
	지속적인 집필 - 가능
	타인에게 선한 영향력을 줄 수 있는 기회 - 가능
학원의 강사	자아의 지속적인 성장 - 가능
	매일 출근하지 않아도 되는 직업 - 가능
	상당한 돈 - 가능
	지속적인 집필 - 가능
	타인에게 선한 영향력을 줄 수 있는 기회 - 가능

사람의 천성과 직업이 맞을 때 행복하다.

- 베이컨 (Francis Bacon) -

Chapter 5.
목표로 했던 것을 행동으로 실행하라

Play

Artic Ocean

Ocean

N
W E
S

Atlantic Ocean

1

행동이란 무엇인가?

우리는 일상생활에서 일정한 행위를 한다. 그러한 행위는 '의식적 행위'와 '무의식 속 행위'로 구분된다.

의식적 행위란 생각을 통해 알면서 하는 행위를 말하고, 무의식 속 행위란 생각할 겨를도 없이 일어나는 행위를 말한다. 무의식 속 행위는 의식적 행위가 반복되면서 의식이 미치지 못한 내면에 자리를 잡은 것이다.

내일 아침부터 아침 5시에 기상을 하기로 했다면 어떤 행위를 해야 할지에 대한 생각을 하게 된다. 평소와 달리 10시쯤 침대에 누워야 하고, 알람을 아침 5시에 맞추는 행위를 해야 한다. 이러한 행위들이 바로 의식적 행위이다. 이런 의식적 행위가 있어야 다음 날 아침 5시에 일어날 수 있게 된다. 이런 의식적 행위가 계속해서 반복되면 어느 순간부터는 별도의 의식적 행위가 없어도 저녁 10시가 되면 졸음이 오게 되면서 으레 침대에 눕게 되고, 아침 5시가 되면 알람이 울리지 않아도 눈이 저절로 떠지게 된다. 어느 순간부터는 의식적 행위가 없어도 무의식 속 행위가 가능하게 된다.

이러한 무의식적 행위를 우리는 '습관'이라고 부르지 행동이라 부르지 않는다. "요즘에도 아침에 일찍 일어나시나요?"라는 질문에 "그럼요. 이제는 습관이 되었어요."라고 대답하는 것도 이 때문이다.

그렇다면 '행동'이란 무엇을 의미하는가?

행동이란 무의식 속 행위를 제외한 우리의 의식적 행위를 말한다.

생각은 말로 나타나고, 말은 행동으로 나타나며,

행동은 습관으로 발전하여 습관이 굳어지면 성격이 된다.

- 법구경 (法句經) -

2

행동으로 습관을 바꿀 수 있는가?

무의식 속 행위 즉 '습관'은 의식적 행위라는 '행동'이 반복되어 의식이 미치지 못하는 내면에 자리를 잡은 것이다. 행동이 없다면 습관이란 것은 형성될 수 없는 것이다. 습관은 스스로 만들어진 것이 아니다.

늦잠을 자는 습관이 있는 사람도 다음 날 일찍 일어날 수 있는가?

전날 일찍 잠자리에 들고, 다음 날 아침 5시에 알람을 맞추어 놓게 되면 다음 날 알람 소리와 함께 아침 5시에 일어날 수 있다. 습관이란 것은 우리의 의식적 행위인 '행동'을 통해서 통제가 가능한 영역이다.

아침 5시에 일어나는 행동을 계속하게 되면 어떻게 되는가?

겨우 며칠 동안 아침 5시에 일어났다고 해서 늦잠을 자는 습관이 바뀌지 않는다. 하지만 이런 행동을 몇 달에 걸쳐서 하게 되면 전과 달리 알람이 없어도 5시만 되면 눈이 저절로 떠지게 된다. 늦잠을 잤던 무의식 속 행동인 '습관'이 아침 5시에 일어나는 '습관'으로 바뀌었다.

의식적 감정이 무의식 속 감정을 바꿀 수 있듯이, 의식적 행위인 '행동'은 무의식 속 행위인 '습관'을 바꾸는 역할을 한다. 습관을 바꾸려면 우리의 행동을 바꾸면 되는 것이다. 즉 습관을 바꾸는 것은 '행동의 영역'이다.

다만 습관으로 굳어버린 기존의 신경세포들의 연결을 끊어지게 하고, 새로운 행동에 따른 신경세포들의 연결이 가능하게 하기 위해서 의식적 행위는 상당 기간에 걸쳐서 반복되어야 한다. 얼마 동안 반복을 해야 하는지에 대해서는 습관 편에서 자세히 설명하도록 하겠다.

> 앞으로는 무의식 속 행위를 '습관'이라고 부르고, 의식적 행위를 '행동'이라고 부르겠다.

만일에 의식적으로 좋은 습관을 형성하려고 노력하지 않으면

본인도 모르는 사이에

좋지 못한 습관을 지니게 됩니다.

- 디오도어 루빈 (Theodore Issac Rubin) -

끌어당김 외에도
행동이 필요한 이유?

 사람은 감정에 따른 에너지의 주파수가 진동을 통해 외부로 전달된다. 이러한 주파수는 끌어당김을 통해서 같거나 유사한 주파수를 가지고 있는 상황을 끌어당긴다. 결국 사람의 감정이 어떠하냐에 따라 그에 맞는 외부적 상황이 우리 앞에 발생할 것이다.

 이처럼 끌어당김만 하면 모든 것이 이루어져야 하는데, 왜 우리에게 행동이라는 수단이 추가로 필요한 것일까?

 그것은 바로 우리가 사는 세상이 에너지가 아닌 물질의 형태로 존재하기 때문이다.

에너지는 형체가 없기 때문에 시간적, 공간적 제한을 거의 받지 않는다. 반면에 물질은 시간적, 공간적 제한을 가지는 형체로 존재한다. 우리가 사는 세상의 활동은 에너지가 아닌 물질의 형태로 존재하기 때문에 시간적, 공간적 제한을 받을 수밖에 없고 이러한 제한 때문에 행동을 해야 하는 것이다.

친구를 만나는 방법은 2가지가 있다. 친구한테 직접 가거나 휴대폰 영상통화로 만나면 된다. 친구를 직접 만나려면 친구가 사는 곳으로 이동을 해야 한다. 친구가 사는 공간으로 이동하지 않으면 친구를 만날 수가 없다. 또한 이동 시에 시간이 걸린다. 이처럼 물질인 형체로 만나기 위해서는 공간을 이동하고 시간을 들여야 하는 공간적, 시간적 제한이 있을 수밖에 없는 것이다. 친구를 물질적 형태로 만나기 위해서는 이동이라는 행동이 필요하다. 반대로 휴대폰 영상통화로 만나는 것은 친구가 사는 곳으로 이동할 필요도 없고, 시간도 걸리지 않는다. 내가 있는 장소에서 영상통화로 바로 만날 수 있다. 이러한 공간적, 시간적 제한이 없어도 되는 것은 통화주파수라는 에너지를 이용하기 때문이다. 이처럼 에너지를 이용하게 되면 이동이란 별도의 행동이 필요하지 않게 된다.

끌어당김을 통해서 우리가 끌어당긴 상황은 물질의 형태로 다가온다. 그 때문에 별도의 행동이 필요한 것이다. 따라서 끌어당김이 계속 일어나고 있더라도 행동이 없다면 어떤 현상도 우리에게 일어날 수가 없다.

'1년 후에 매달 천만 원 이상의 돈을 벌자.'는 목표로 끌어당김을 했지만, 연락도 받지 않고, 방구석에만 처박혀 1년 동안 은둔하며 살고 있다면, 1년이 경과되어도 목표는 달성되지 않는다.

내가 '1년 후에 매달 천만 원 이상의 돈을 벌자.'는 끌어당김을 통해서 실제로 돈을 벌 수 있었던 것은 민법 과외라는 행동을 했기 때문이다.

영감은

가만히 기다리면 오는 것이 아니라

        실행하고 있는 도중에 오는 것입니다.

- 앙리 마티스 (Henri Matisse) -

4

행동에 주저함이 있는 이유?

두려움이 있기 때문이다

새로운 일에 대해 행동을 할 때면 '실패하면 어쩌지?' 하는 두려움이 생긴다. 이러한 두려움은 나만이 느끼는 억울한 감정이 아니다. 대부분의 사람이 느끼는 감정으로 개인에 따라 정도의 차이가 있을 뿐이다.

실패할지도 모른다는 두려움은 왜 생기는 것일까?

두려움이란 것은 앞으로 벌어질 미래에 대한 정보가 없기 때문에 발생하는 것이다. 행동에 대한 결과물이 아예 나오지 않을 수도 있고, 나오더라도 기대와 다르게 너무도 보잘것없을 수도 있다. 이러한 걱정과 우려가 두려움을 만들어 내는 것이다.

공부를 한 적이 없는 학생들이 공부를 하려고 시도조차 하지 않는 이유는 공부하는 방법을 몰라서가 아니다. 공부를 했는데도 성적이 오르지 않으면 자신이 정말로 한심해 보일 것 같다는 두려움이 있기 때문이다. "공부를 하지 않았는데 어떻게 성적이 오르냐?"라고 핑곗거리를 만들라면서 두려움을 외면해 버리는 것이 훨씬 마음이 편하기 때문에 공부를 하지 않는 것이다.

나의 경우에는 사법시험에 떨어질 수 있다는 두려움이라는 것이 없었다. 즉 실패할지도 모른다는 미래에 대한 두려움이 없었다. 사주에 '합격운'이 있다는 말을 믿었기 때문에 미래에 대한 정보가 있다고 생각했다. 그래서 두려움이 없이 바로 공부를 시작할 수 있었다.

새로운 일이 아닌 익숙한 일을 할 때에는 왜 두려움 없이 시작할 수 있는가?

익숙한 일이라는 것은 여러 번의 반복된 행위로 이미 그 결과에 대한 정보가 충분히 축적되어 있기 때문에 실제로 미래에 대한 정보를 가지고 있는 것과 다를 바 없기 때문이다. 그런 이유로 실패할지도 모른다는 두려움이 없게 되고, 주저함이 없이 행동을 하게 되는 것이다.

우리가 진정으로 두려워해야 하는 것은 두려움 그 자체이다. 두려움은 말도 안 되고, 생각도 없으며, 아주 불합리한 것이다. 이것은 우리가 앞으로 나아가야 할 힘을 후퇴하도록 마비시키는 주범이다.

- 새뮤얼 존슨 (Samuel Johnson) -

완벽함을 추구하는 성격 때문이다

완벽주의자Perfectionist는 완벽하게 일을 처리함으로써 높은 성취감을 얻고자 하는 성향을 가진 자를 말한다. 완벽주의자는 새로운 일에 대한 도전을 극도로 싫어한다. 새로운 일에 대해서는 처음부터 완벽함을 추구하기가 불가능하기 때문에 높은 성취감을 느끼기가 어렵다. 대신에 불만족한 결과에 대한 정신적 고통은 크게 느끼게 된다.

설령 새로운 일을 맡게 되더라도 완벽한 결과물을 만들겠다는 욕심 때문에 일의 시작 자체가 어렵다. 일의 완벽함을 추구하기 위해서는 '모든 과정에 대한 계획'이 먼저 만들어져야 하는데, 그 계획을 완벽하게 세우려 하다 보니 시작이 자꾸 미뤄지게 된다. 이런 현상을 '게으른 완벽주의자'라고 부른다.

나 또한 완벽주의자적 성격을 가지고 있다. 멘토라는 자기계발서는 쓰자고 결심했을 때 나의 머릿속에는 완벽한 자기계발서를 만들어야겠다는 생각뿐이었다. 완벽하게 써야겠다고 생각했다. 읽기만 해도 자기계발이 될 정도로 체계적인 자기계발서, 왜 그렇게 되는지 명확한 이유가 기술된 자기계발서. 그리고 우리 주위의 흔한 소재로 구성된 실용적인 자기계발서를 만들어야겠다고 생각했다.

완벽한 책을 만들어 보자는 포부로 제일 먼저 책의 구성과 목차, 주제를 대략적으로 잡아보았다. 시간을 들이더라도 좀 더 완벽한 계획을 만들겠다는 생각으로 각 주제에 들어가는 세부적인 내용까지 정리하려고 했다. 완벽한 계획을 만들겠다는 생각은 나에게 더 많은 생각을 요구했고, 생각과 생각이 충돌하면서 나 자신을 더욱 혼란스럽게 만들었다.

결국 한 달 동안 고생한 끝에 만든 계획은 처음의 대략적인 계획뿐이었다. 완벽한 계획이란 세우지도 못했고, 하나의 문장도 작성하지 못했다. 완벽하게 만들어 보자는 생각 때문에 너무도 많은 시간을 낭비하게 된 것이다.

완벽해야 한다는 강박관념은 미루는 사람들의 함정이다.

- 리타 엠멋 (Rita Emmett) -

추가적인 정보처리가 피곤하기 때문이다

1초마다 1,100만 비트의 양의 정보가 뇌로 보내지는데, 우리의 의식이 1초에 처리할 수 있는 정보량은 16~50비트에 불과하다. 우리가 새로운 행동을 할 때마다 의식에서 처리해야 할 정보량은 더욱 많아지게 된다. 이런 상황에 대해 우리는 "신경 써야 하는 일이 늘었다."라고 말한다.

의식에서 처리해야 할 정보량이 많아지게 되면 정신적 피곤함이 높아지기 때문에 의식적으로 신경 써야 하는 일, 즉 행동을 가급적 피하고자 한다. 처리해야 할 정보량이 너무 많아지게 되면서 행동을 포기하는 가장 대표적인 것이 다이어트이다.

다이어트에 실패하는 가장 큰 원인은 바로 정보처리의 피곤함 때문이다. 다이어트를 시작하면 여러 가지 행동들을 추가해야 한다. 식사 때마다 무슨 음식을 먹어야 할지에 대해 신경을 써야 한다. 음식을 선택할 때에도 각 음식의 칼로리와 영양소를 따져야 하고, 조리 방법도 따져 봐야 한다. 식사 외에 커피나 음료수를 마실 때도, 간식으로 과자나 빵을 먹을 때에도 신경을 써야 한다. 이처럼 먹는 것에 대해 처리해야 할 정보량이 엄청나게 늘어난다. 먹는 것 외에 운동에 대해서도 신경을 써야 한다. 어떠한 운동 방법을 선택해야 하는지, 운동 기구의 사용법은 어떻게 되는지, 운동하다가 다치거나 아플 때는 어떻게 컨디션 조절을 해야 하는지 등의 정보까지 필요하다. 운동에 대해 처리해야 할 정보까지 추가된다.

 다이어트를 하기 위해서는 음식 섭취를 줄이고 운동량을 늘려야 한다. 줄어든 음식 섭취로 인해 운동으로 쌓인 피로감의 회복이 더디면서 신체의 피로감은 커지게 된다. 게다가 먹는 것과 운동에 대해 처리할 정보량이 늘면서 정신적 피로도도 높아진다. 신체적인 피로감이 커진 상황에서 정신적 피곤함이 더해지기 때문에 우리가 실제 느끼는 정신적 피곤함은 평소보다 몇 배나 된다. 결국 "이러다가 사람 죽겠다."라고 하면서 다이어트를 중간에 포기하게 된다.

사람이 인생에서 가장 후회하는 어리석은 행동은 기회가 있을 때 저지르지 않은 행동이다.

- 헬렌 로우랜드 (Helen Rowland) -

5

행동을 주저하는 요소를 어떻게 극복할까?

두려움을 극복하는 방법

두려움을 없애기 위해서, 우리는 '미래에 대한 불안감'을 '미래에 대한 확신'으로 바꾸어야 한다. 우리의 행동이 원하는 결과를 만들어 낼 것이라는 미래에 대한 확신이 있다면 두려움은 사라지게 된다.

그러기 위해서는 내 행동이 밝은 미래를 만들어 낼 것이라는 긍정적 감정을 가져야 한다. 이러한 긍정적 감정은 무의식 속 긍정적 감정을 만들어내게 되고, 무의식 속 긍정적 감정은 외부적으로 긍정적 상황을 다시 끌어당긴다.

이렇게 해서 맞이한 긍정적 상황은 우리의 의식에 대해 더 강한 긍정적 감정을 만들게 되는데, 이는 기존의 무의식 속 긍정적 감정을 더욱 견고하게 만들게 된다. 이러한 현상을 '긍정의 굴레'라고 한다. 이런 '긍정의 굴레'가 생기면 우리는 미래에 대한 긍정의 확신을 하게 된다. 어떤 일을 해도 잘 될 수밖에 없다는 사실을 깨닫고 나서는 막연했던 두려움이 없어지고 즉시 행동으로 나아갈 수 있다.

올해 막 고3이 된 U 군을 상담했을 때였다. 이때 당시 U 군의 내신은 평균 7등급이었다. 이런 점수의 U 군이 서울 소재 대학에 가고 싶다고 상담을 하러 온 것이다. 나는 먼저 U 군의 인생 목표를 물었다. U 군의 목표는 사업가가 되어 돈을 많이 벌고 싶은 것이었다. "돈을 많이 벌고 싶은데 대학은 왜 가려고 하지? 취업하려고 한다면 대학이 중요하지만, 사업하고는 큰 연관성은 없는데."라고 말했다. U 군은 "네? 정말요?"라며 깜짝 놀라 했다. "내 친구 중에서 학벌이 제일 낮은 친구가 제일 돈 잘 벌어. 돈은 가질 자격이 있는지가 중요하지 학벌하고는 상관없어. 다시 물어볼게. 대학은 왜 가려는 거니?"

U 군은 "서울 소재 대학에 가면 멋져 보일 것 같아요."라고 말했다.

"그래 알았다. 서울 소재 대학에 가는 방법이 있기는 한데. 먼저 묻는 말에 대답부터 해보자. 사업을 하다 보면 절망적인 상황이 닥치기도 하는데 사업가는 그때 희망을 찾아야 하니? 좌절해야 하니?" U 군은 "당연히 희망을 찾아내야죠. 그 정도의 배포는 있어야죠."

"먼저 알아야 할 것은 대학교 진학은 너의 인생의 목표가 아니라는 것이야. 그냥 네 인생에 하나의 과정에 불가해. 진짜 별 것 아니야. 하지만 남들이 다 안 된다고 하는 절망적인 성적에서 대학 진학이라는 희망을 찾아내는 노력은 사업가로서의 첫 번째 출발이 될 것임이 분명해. 대학을 가든 말든 너는 지금부터 사업을 시작하는 것이다. 한번 해 보겠니?"

나는 U 군에게 지금의 노력이 대학 진학 여부와 상관없이 사업가로서의 성공적 시작이 될 것임을 알려주었다. 미래에 대해 100% 성공을 가져다주는 도전을 U 군이 마다할 리가 없었다.

U 군은 "이것도 다 사업과 관련이 있다는 뜻이죠? 미친 듯이 하겠습니다. 방법을 알려주십시오."라고 부탁을 했다. 나는 그런 U 군에게 "열심히 해서 서울 소재 대학에 가면 좀 더 멋져 보이는 사업가가 되긴 하겠다. 열심히 해봐라."라고 격려해 주면서 단기간에 성적을 올릴 방법을 과목별로 알려주었다. 수능 60일 전 U 군에게서 전화가 한 통 왔다. 내신이 평균 2등급으로 올랐다는 기쁨을 알려주고 싶어서 전화한 것이다. "처음 이런 점수를 받았습니다. 담임선생님, 교감 선생님으로부터 엄청나게 칭찬을 받았습니다. 너무 기쁩니다."

나는 수능 강사도 아니고 지금의 수능은 내가 본 시험과 제도 자체가 아주 다르다. 내가 알려준 방법이 특별한 것도 아니었다. 하지만 U 군이 변할 수 있었던 것은 미래에 대한 '긍정의 확신'이 있었기 때문이다.

지금의 행동이 반드시 원하는 결과를 가져온다는 것을 인지하는 순간 두려움은 사라지고, 주저함 없이 도전하게 된다.

가장 중요한 것은 기회를 잡는 것을 두려워 않는 것이다.

기억하라. 가장 큰 실패는 시도조차 않는 것이다.

- 데비 필즈 (Debbi Fields) -

완벽주의를 극복하는 방법

아무런 경험조차 없는 사람이 '모든 과정에 대한 완벽한 계획'이라는 것을 세울 수 있을까?

아무리 고민을 하고 꼼꼼히 자료를 모아도 '모든 과정에 대한 완벽한 계획'을 세우는 것은 불가능하다. 일정상 시간이 촉박해지면 그제서야 이 사실을 인정하게 된다. 그때는 어쩔 수 없이 완벽주의를 포기하고 지금까지 만들어진 계획에 따라 일을 진행할 수밖에 없다. 일을 시작하게 되면 알게 되는 사실이 있다. 일을 시작하면서 계획을 짜야 진짜 계획이 짜여지고, 계획의 내용이 치밀해진다는 것이다.

일을 시작하기 전에는 뼈대가 될 수 있는 대략적인 계획만을 세우고 바로 일을 시작해야 한다. 그렇게 되면 일정에 대한 여유도 생기고 진행 중에 좀 더 치밀한 계획을 짤 수 있게 된다.

멘토에 대한 완벽한 계획을 세우기에 열중했지만 역시나 대략적인 계획만을 세울 수밖에 없었다. 이번에는 완벽함을 내려놓자는 결심을 가지고 머릿속에 생각나는 내용을 마구잡이로 쓰기 시작했다. 문장을 다듬거나 맞춤법도 생각하지 않고 하고 싶은 말을 무조건 써 내려갔다.

그렇게 해서 전체 내용을 다 쓴 다음에 목차를 잡아가면서 내용을 배열했다. 목차도 수시로 바뀌었고, 배열도 여러 번 바꿨다. 그다음에는 내용을 추가하면서 문장을 다듬고 다시 읽기를 거듭했다. 이런 과정을 수도 없이 거쳤다. 이런 과정을 거치지 않고 처음부터 완벽한 문장과 목차에 맞춰 글을 쓰려고 했다면 지금까지 단 한 페이지도 쓰지 못했을 것이다.

실행하는 것이 완벽한 것보다 더 낫다.

- 셰릴 샌드버그 (Sheryl Sandberg) -

추가적인 정보처리의 피곤함을 극복하는 방법

정보량이 지나치게 늘어난다고 해서 행동을 하지 않거나 행동을 포기할 수는 없는 일이다.

의식에서 처리해야 할 정보량이 많아질 때는 우리의 의식이 이를 감당할 수 있도록 보상체계를 만드는 것이 중요하다. 행동하고 나서 얼마 지나지 않았을 때 주는 보상을 '단기보상'이라고 하고 상당한 기간이 지난 이후에 주는 보상을 '장기보상'이라고 한다.

정보처리량이 압도적으로 많아질 경우에는 '단기보상'과 '장기보상' 모두를 사용해야 하고, 정보처리량이 그렇게 많지 않을 때에는 '장기보상'만으로 충분하다. 다이어트의 경우에는 처리해야 할 정보량이 대단히 많기 때문에 '단기보상'과 '장기보상' 모두를 사용해야 한다. 그래야만 다이어트라는 행동이 유지될 수 있다.

'단기보상'은 현실적이고 즉각적인 보상이라는 특징을 가진다. 다이어트 도중에 가지는 치팅데이Cheating Day가 바로 단기

보상이다. 치팅데이는 자신이 먹고 싶은 음식을 실제로 먹어가며 부족한 영양소를 보충하게 된다. 이런 치팅데이는 날짜를 정하기보다는 자신의 컨디션에 따라서 즉흥적으로 결정을 내릴 때 보상의 효과가 크다.

'장기보상'은 상상을 통한 보상이고 상당한 시간이 걸리는 보상이라는 특징을 가진다. 다이어트의 성공 이후의 날씬하고 건강한 나의 모습, 이 모습을 부러워하는 사람들, 자신감 넘치는 자신의 모습 등은 다이어트를 시작 후 상당한 시간이 지나서 주어지는 장기보상이다.

행동하는 사람 2%가
행동하지 않는 사람 98%를 지배한다.

- 지그 지글러 (Zig Ziglar) -

6

어떻게 행동을 해야 하지?

자기계발을 처음 시작했을 때 '행동에 대한 매뉴얼'이 있으면 좋겠다고 생각했다.

자기계발서에서 '행동'에 관련된 부분이 가장 부실하다고 느꼈기 때문이다. 자기계발에서 가장 실천적인 부분이 행동인데, 행동하려고 결심을 했지만 무슨 행동을 어떻게 해야 할지가 무척이나 막막했다. 그래서 행동에 대해서는 나름 상당히 많은 고민을 했었다.

행동에 대한 설명은 왜 부족한 것일까?

같은 상황이라도 이에 대처하는 각자의 성격, 상황, 주변 환경이 다 다르고, 그에 대해 얽혀있는 사람들과의 관계 등의 여러 가지 종합적인 사정이 더해지다 보면 행동의 방법은 한 가지로 정의하기가 어렵다. 수천만 가지의 방법으로 행동을 할 수 있는데 이를 한정된 페이지를 가진 책에 기재한다는 것은 사실상 불가능하기 때문이다.

그럼 '행동에 대한 매뉴얼'을 만들 수 없는 것인가?

결론부터 말하자면 '행동에 대한 매뉴얼'을 만드는 것은 가능하다. 모든 상황에 적용될 수 있을 정도의 디테일한 매뉴얼을 만들지는 못하겠지만, 대체적이고 일반화된 매뉴얼 정도는 충분히 만들 수 있다.

일반화된 매뉴얼만으로도 행동에 대한 막막함과 답답함이 어느 정도는 풀릴 수 있을 것이다.

⑦

행동에 대한 일반화된 매뉴얼?

무조건 행동으로 나서지 마라

행동하기 전에 반드시 끌어당김을 먼저 해야 한다. 내가 무엇을 끌어당기고 싶은지를 먼저 결정하고 나서 행동에 옮겨야 한다. 너무도 당연하고 공감 가는 말이지만, 사람들은 대부분 끌어당김을 하지 않고 행동부터 옮긴다.

성적을 올리고 싶은 학생은 무조건 공부부터 한다. 취업해야겠다고 결심한 사람은 토익책부터 구매한다. 공무원이 되고 싶은 사람은 유명한 학원을 찾아 강의부터 듣는다. 유튜브로 수익을 올리고 싶은 사람은 동영상부터 찍는다.

목표 성적이 어느 정도인지, 어디에 취업하고 싶은지, 어떤 공무원이 되고 싶은지, 어떤 유튜브가 되고 싶은지 상상하고 끌어당기지 않는다. 그냥 일단 행동부터 하는 것이다.

이렇게 끌어당김을 하지 않은 채 행동부터 하면 어떻게 되는가?

만약 어디로 갈지 정하지 않은 채 인천공항에 가서 무작정 비행기를 타고 제주도로 가다가, 일산에 사는 친구 집에 가고 싶다는 생각이 들었다면 어떻게 해야 할까? 제주도까지 가서 다시 서울로 돌아와야 하고 거기서부터 다시 일산까지 가야 할 것이다. 친구 집에는 도착하지만 엄청나게 많은 시간과 경비가 소모된다. 일산에 사는 친구 집에 가자고 목적지를 잡고 집을 나서면 차를 타고 그냥 가면 된다. 목적지를 정해 놓고 길을 나서는 것이 그렇지 않을 경우에 비해서 효율적으로 목적지에 도달할 수 있다.

끌어당김을 하고 행동을 하는 것은 목적지를 미리 정해 놓고 출발하는 것과 같다. 반대로 끌어당김을 하지 않고 행동을 하는 것은 무조건 출발하고 나서 도착지를 정하는 것과 같다. 최종적으로 목적지에 도착하더라도 얼마나 효율적이냐 그렇지 않으냐의 차이점이 생기게 된다.

나는 '1년 후에 매달 천만 원 이상의 돈을 벌 수 있다.'는 끌어당김을 먼저 했다. 나의 돈에 대한 무의식 속 감정을 긍정적으로 바꾸려는 끌어당김을 한 후에 비로소 단기 알바를 나서는 행동을 시작했다.

정확한 목표 없이
성공의 여행을 떠나는 자는 실패한다.

- 노만 V. 필 (Norman Vincent Peale) -

어떤 행동을 해야 할지 고민하지 마라

끌어당김을 하였다면 이제부터는 행동을 해야 할 차례다. 그럼 어떤 행동부터 해야 할까?

"무슨 일이든 시작이 가장 중요하다. 그 일이 얼마나 어려워 보이든 개의치 말고 실행에 옮겨야 한다. 바로 지금 그 첫발을 내디디라."라고 플라톤Plato은 말했다.

"좋은 계획에서 좋은 행동으로 가는 길처럼 먼 것은 아무것도 없다. 모든 성공한 사람들을 묶어주는 공통점은 결정과 실행 사이의 간격을 아주 좁게 유지하는 능력이다. 미룬 일은 포기해 버린 일이나 마찬가지다." 피터 드러커Peter Ferdinand Drucker도 말했다.

"행동은 즉시 취해져야 한다. 허비할 시간이 없기 때문이다." 미구엘 히달고Miguel Hidalgo도 같은 말을 했다.

이 외에도 성공한 사람들 모두 같은 말을 하고 있다.

어떤 행동을 해야 하는지 고민하지 말라는 것이다. 고민하지 말고 당장 시작하라는 것이다.

아무 일이나 해도 된다고 말하는 이유는 무엇일까?

결과로 가는 '진행 과정'은 우리의 의지로 통제할 수도, 우리의 예상대로 진행되지도 않기 때문이다.

우리가 생각할 수 있는 진행 과정이라는 것은 우리의 경험에 바탕을 둔 것에 한정될 수밖에 없다. 그런데 지금 우리가 하고자 하는 것들은 한 번도 성취한 적이 없는 새로운 것이 아닌가? 당연히 우리의 생각대로 진행 과정이 일어날 수는 없다. 지금까지 듣도 보도 못하는 과정으로 일은 진행될 것이다. 당연히 예측할 수 없는 일들이 눈앞에 벌어지고, 만나 본 적이 없는 사람들과 일을 하게 될 것이다.

나는 '1년 후에 매달 천만 원 이상의 돈을 벌 수 있다.'고 마음을 먹었지만, 무엇부터 해야 할지를 몰랐기에 급한 대로 단기 알바부터 시작했다. '황당하군. 단기 알바를 해서 1년 후에 매달 천만 원을 벌겠다고, 처음부터 제대로 된 직업을 가져야 가능한 목표야.' 이런 생각이 들지 않는가?

그런데 알바를 하러 갔다가 돌아오는 길에 친한 형을 만났고 그 형은 나에게 민법 과외를 주선해주었다. 그 일을 계기로 1년 후에 매달 천만 원 이상의 돈을 벌 수 있었다. 내가 단기 알바를 하러 갈 때 친한 형을 우연히 만나게 될지, 그 형이 나에게 과외를 주선해 줄지 여부는 전혀 예상하지 못했던 일이다.

끌어당김만 확실하다면 어떤 방식으로라도 일은 풀리기 때문에 우리는 어떤 행동을 할지에 대한 고민을 할 필요가 없는 것이다.

위대한 작곡가는 영감이 떠오른 뒤에 작곡한 것이 아니라,
작곡을 하면서 영감을 떠올린다.
베토벤, 바흐, 모차르트는 경리사원이 매일 수치 계산을 하듯
매일같이 책상 앞에 앉아 작곡을 했다.

- 어니스트 뉴먼 (Ernest Newman) -

어떤 상황에서도 좌절하거나 포기하지 마라

진행 과정을 우리가 통제할 수 없다고 말했지만, 은연중에 우리는 과정을 예상한다. 그리고 그 과정대로 일이 진행되길 기대하게 된다. 우리가 생각한 대로 일이 진행되지 않을 경우가 거의 대부분인데 말이다.

생각한 대로 일이 진행되지 않는다고 좌절하거나 포기해서는 안 된다. 보이지 않지만 우리가 생각지 못하는 방식으로 일은 진행되고 있는 것이다. 만약 우리가 중간에 좌절하거나 포기하는 순간 끌어당김이 없어지면서 그 결실을 보지 못하게 된다.

세무사 시험을 7년째 준비하는 M 형이 있었다. 가정 형편이 넉넉지 못해서 고시 식당에서 아르바이트를 하면서 공부를 했다. 하루는 "올해는 정말이지 시험 6개월 전부터 공부에만 전념하고 싶다."고 고민을 털어놓았다. 시험 직전에 공부 시간이 부족해 고민하던 M 형이었기에 너무 안타까웠다.

M 형은 용기를 내어 6개월간만 도와달라고 부모님께 부탁을

했다. 하지만 M형이 들은 말은 집안 형편상 도와줄 수가 없다는 대답뿐이었다. M형은 이 상황을 덤덤하게 받아들이고, 자신이 할 수 있는 선에서 온 힘을 다하기로 마음을 다시 먹었다.

합격자 발표 날 M형이 합격했다는 소식을 들었다. 형의 합격을 축하하기 위해 모인 자리에서 형은 믿기지 않는 말을 했다. 집으로부터의 도움이 불가능하다는 말을 들은 1개월 후쯤, 식당에서 단골 손님이 형을 부르더라는 것이다.

그 손님은 이렇게 말했다고 한다. "나는 이 근처 회사의 사장으로 이상한 사람이 아닙니다. 식당에 밥을 먹으러 올 때마다 유심히 지켜봤어요. 열심히 일하는 모습을 볼 때마다 '이런 청년은 도와주고 싶다.'는 마음이 들더군요. 도움을 주고 싶은데, 필요한 것이 있으면 주저하지 말고 무엇이든지 말해보세요."

M형은 처음에는 극구사양 했지만, 단골손님의 진심 어린 격려에 눈물을 흘리면서 부탁을 했다. "6개월의 생활비만 도와주시면 시험에 합격해 보이겠습니다. 부탁입니다. 도와주십시오." 그러자 단골손님은 흔쾌히 공부할 자금을 지원해 주셨고,

그 덕분에 시험 직전 6개월 동안 공부에만 전념할 수 있었다는 것이다.

   M 형은 집안의 도움으로 공부를 할 수 있길 원했지만, 전혀 생각지 못했던 식당 단골손님으로부터 경제적 도움을 받게 된 것이다. 만약 M 형이 집안의 도움이 불가능하다는 사실을 알고 인생을 포기하는 마음으로 식당일도 대충했다면 이런 일은 일어나지 않았을 것이다.

무의식에 당신이 원하고 있는 것의 영상을 명확하게 그리면
당신이 만나야 될 사람이나 당신이 구하고 있는 모든 것을
손에 넣는 일을 도와줄 사람까지도 끌어당긴다.

- 헤롤드 셔먼 (Harold Sheman) -

8

나의 행동의 결과가
일어나지 않는 이유는?

내가 바라는 목표가 확실하고, 이를 끌어당기고 있는 나의 감정도 확실하다. 그리고 이에 대한 행동이 있음에도 불구하고 결과가 일어나지 않는 경우가 있다.

나의 행동에 결과가 일어나지 않는 것은 결론부터 말하자면 내가 끌어당기는 주파수가 다른 사람이 끌어당기는 주파수보다 약할 때 생기는 현상이다. 나의 주파수가 외부로 전달되어도 나보다 더 강한 주파수가 있다면 나의 주파수는 소멸되어 버리고 더 강한 주파수가 전달된다.

우리가 끌어당김을 할 때 사소하고 작은 소원은 금방 끌어당겨 지는 것은 나보다 더 강한 주파수가 없다는 것을 의미한다. 하지만 크고 엄청난 것은 끌어당기지 못하는 이유는 나보다 더 강한 주파수가 이를 끌어당기기 때문이다.

부자들이 하는 말 중의 하나가 "원하는 것은 모두 가질 수 있다."는 말이다. 이 말은 절대 틀린 말이 아니다. 부자들은 '원하는 것'에 대한 긍정적 감정의 주파수가 남들보다 훨씬 강력하기 때문에 그렇게 말할 수 있는 것이다. 하지만 주파수가 약한 사람들에게 이 말이 그대로 적용되지는 않는다.

아내는 3년간 운영한 커피숍을 팔려고 내놨다. 동네에서 자리를 잡아 상당히 괜찮은 매출이 나오는 커피숍이었다. 그동안의 노력이 너무 아까웠지만 나의 건강상 문제로 아내가 큰 결심을 한 것이었다.

그날부터 커피숍이 좋은 분에게 양도되길 바라는 끌어당김을 시작했다. 커피숍을 양수할 분을 위해서 대청소를 하고, 인테리어를 교체했다. 역시나 문의가 끊이지 않았고, 매장을 구경하고 가신 분들의 반응도 좋았다. 얼마 걸리지 않아 계약이 성사되기 직전까지 갔다. 그런데 이상하게도 계약을 체결하기로 한 날에 일이 생기면서 계약이 무산되었다. 그것도 3번이나 말이다. 계약하기로 한 날 구매자분이 병원에 입원하거나 은행 대출이 무산되기도 했다. 이런 일이 반복되다 보니 커피숍을 팔겠다는 나의 끌어당김의 주파수보다 커피숍이 계속 유지되길 바라는 더 강력한 주파수가 있다는 느낌을 강하게 받았다. 그래서 커피숍이 계속 유지되길 바라는 사람이 누가 있을지 생각하기 시작했다.

그러다 뜻하지 않은 사람이 생각났다.
아내의 이모님은 목사님으로 해외에 살고 계시는데 한국에 오셨을 때 우리 커피숍에 오셔서 커피숍이 잘되게 해달라는 기도를 해 주고 가셨다. 그리고 해외로 돌아가신 후에도 매일 같이 우리 커피숍이 잘되길 간절히 기도해 주고 계셨다.

아내의 이모님이 커피숍이 잘 유지되길 바라는 마음으로 끌어당김을 하고 계셨고, 커피숍을 팔겠다는 나의 끌어당김이 이모님의 강력한 주파수 때문에 사라진 것이었다. 매일 같이 정성스레 기도해 주시는 이모님의 마음이 어느 정도인지 알게 되었다. 너무도 감사했다. 이 사실을 깨닫고 나서 바로 전화를 드리려고 했는데 며칠 후에 이모님이 한국에 오신다는 소식을 들었다. 그래서 며칠 기다렸다가 직접 만나 뵙고 전후 사정을 말씀드렸다.

"이모님 커피숍이 잘 팔리게 기도 내용을 바꾸어 주세요." 우리 이야기를 들은 이모님은 바로 그 자리에서 기도하시더니 한 말씀 하셨다. "오케이. 다 전해졌어."

이 말씀을 하신 지 채 2주도 되지 않아 커피숍의 계약이 이루어졌다. 이번에는 어떤 방해도 없이 일사천리로 순조롭게 진행되었다.

정신적인 힘이 그 어떤 물질적인 힘보다 강하다는 사실,
생각이 세계를 지배한다는 사실을 아는 자야말로 훌륭한 인간
이다.

- 랄프 왈도 에머슨 (Ralph Waldo Emerson) -

9

행동은 혼자 하는 것인가?

    행동은 우리 자신의 생각을 바탕으로 하는 행위이다. 행위의 과정도 혼자서 하고, 행위의 결과에 대한 책임도 혼자서 감당해야 한다. 민법 강사가 되자고 나 혼자서 생각을 했고, 강사로서 지금 이 자리에 오게 된 행위의 과정도 전부 혼자서 했다. 민법 강사로서의 수입이나 평판도 전부 나 혼자서 져야 할 책임이다. 이런 이유로 행동이란 나 혼자서 하는 것이고, 나 혼자만의 힘으로 여기까지 왔다고 생각하게 된다. 그런 생각을 하다 보니 자신은 정말로 대단하고 남들은 업신여겨도 되는 대상으로 생각하는 성공한 사람들도 더러 있었다.

과연 그러할까?

우리 자신이 공동체의 일원으로 살아가기 위해서는 구성원 상호 간의 배려와 역할 분담이 있어야 한다. 구성원이라는 것 자체만으로도 주위의 배려와 도움이 있을 수밖에 없는 것이다.

민법 강사가 되기로 혼자서 결정을 했지만, 이 결정이 가능했던 것은 우리의 공동체가 민법 강사를 필요로 하기 때문이다. 민법 강사를 필요로 하는 공동체가 없다면 나의 결정이 실현 가능할 수 없다. 강사로 교재 준비, 수업 준비, 자료 준비, 강의 연습 등의 과정을 혼자만의 힘으로 준비해야 했다. 하지만 나의 강의를 들어준 수강생들이 없었다면, 강의를 들은 수강생들이 나에 대한 소문을 주위에 내 주지 않았다면, 합격 수기에 나의 강의에 대해 언급해 주지 않았다면 나의 과정은 의미가 없었을 것이다.

민법 강사로서의 수입이나 평판도 다 나의 책임이다. 하지만 학원의 적극적인 홍보가 없고, 학원 직원분들의 수업에 대한 지원과 고객과의 상담, 수강생들의 관리가 없었다면 가능했을리가 없다. 나의 수입과 평판에 이분들의 공로가 들어가 있다. 또한 나의 성공을 진심으로 바라는 수강생들, 가족들, 친구들의 주위 응원이 있었기 때문에 가능한 것이다.

우리가 행동하는 순간 나 혼자서 모든 것을 하고 있다거나 혼자만의 노력으로 결과를 이루었다는 생각을 버려라.

우리는 절대 혼자가 아니다.

우리가 해야 할 생각은 눈에 보이든 보이지 않던 함께 해주는 분들에 대한 감사하는 마음이다.

세상에서 감사를 표하는 이의 행동보다 더 아름다운 것은 없을 것이다.

- 라 브뤼에르 (Jean de La Bruyère) -

Chapter 6.
습관을 길러 생활의 일부가 되자

Habit

Arctic Ocean

Ocean

N

W　　E

S

Atlantic Ocean

1

왜 습관이 중요한가?

습관은 무의식 속 감정을 표현한다

습관Habit이란 이미 형성되어 있는 무의식 속 행위가 나타나는 것을 말한다. 우리가 의식하지 않아도 기계적인 반응처럼 행위로 나타나게 된다. 어떤 일에 대해서 우리가 보이는 반응은 '습관'이라는 단어로 포장된 무의식 속 행위이다.

습관과 무의식 속 감정은 상호 간에 어떤 영향을 미칠까?

'돈에 대한 좋은 습관이 있다.'는 것은 돈에 대한 좋은 무의식 속 행위를 한다는 것이다. 돈에 대한 좋은 무의식 속 행위를 하려면 곧 돈에 대한 무의식 속 감정이 긍정적이어야 한다. 결국 돈에 대한 좋은 습관을 지니고 있다면 곧 돈에 대한 무의식 속 감정이 긍정적이라는 것을 의미하는 것이고, 나쁜 습관을 지니고 있다면 무의식 속 감정도 부정적이라는 것을 의미한다.

결론적으로 습관을 바꾼다는 것은 다시 말해서 무의식 속 감정을 바꾼다는 말이다.

내가 매달 1,200만 원의 돈을 벌었지만, 통장의 잔고가 0원이었던 이유는 '돈은 써버려 없애야 한다.'는 무의식 속 감정이 있었기 때문이었다. 즉 돈이 입금되는 순간에 돈을 써버려 없앨 곳을 찾는 나쁜 무의식 속 행위인 습관이 있었다. 그래서 돈을 모을 수 없었던 것이다.

처음에는 우리가 습관을 만들지만,

그다음에는 습관이 우리를 만든다.

- 존 드라이든 (John Dryden) -

습관은 우리 생활의 90%의 영향력을 가진다

우리의 정신세계는 10%의 정보만을 의식에서 처리하고 90% 이상은 무의식에서 처리하고 있다. 우리 생활의 90%가 무의식에 의해 영향을 받는 것이다. 무의식 속 감정은 무의식 속 행동인 습관을 통해 우리 일상생활의 90%나 영향을 미친다.

이런 이유로 성공하기 위해서는 좋은 습관이 필요하다. 성공한 사람들은 당연히 좋은 습관을 지니고 있다. 그런데 성공한 사람들의 습관을 보면 대부분이 똑같거나 비슷한 부분이 많다. 절대 우연으로 치부할 수 없는 부분이다.

요즘 우리 사회는 새로운 아이템을 선보이면서 이 아이템으로 많은 돈을 벌 수 있고, 성공할 수 있다고 부추긴다. 이러한 아이템은 단순한 기술에 불과하다. 단순히 돈을 버는 것은 기술로 가능하지만 돈에 대한 좋은 습관이 없다면, 즉 돈에 대한 무의식 속 감정이 긍정적으로 형성되어 있지 않다면 그렇게 해서 번 돈이라도 당신에게 남아 있지는 않을 것이다. 내가 그러했던 것처럼 말이다.

성공한 사람들이 돈을 벌 수 있었던 것은 돈에 대한 좋은 습관을 지니고 있었기 때문이지 돈을 벌 수 있었던 특출난 기술이 있었기 때문은 아니다.

모든 성공과 실패의 95%는 습관이 결정한다.
좋은 습관은 어렵게 형성되지만 성공으로 이끌고,
나쁜 습관은 쉽게 형성되지만 실패로 이끈다.
습관의 사슬은 거의 느낄 수 없을 정도로 가늘지만,
깨달았을 때는 이미 끊을 수 없을 정도로 완강하다.

- 린든 존슨 (Lyndon Johnson) -

어떻게 하면
좋은 습관을 만들 수 있을까?

먼저 좋은 습관과 나쁜 습관의 기준을 잡아야 한다. 어떻게 하면 좋은 습관과 나쁜 습관의 기준을 잡을 수 있을까?

과거의 나는 콜라를 마시는 습관이 있었다. 이 습관이 좋은 습관인지 나쁜 습관인지 알아보기 위해서는 건강한 사람들의 습관을 살펴보면 된다. 의사나 약사가 건강을 위해서 가장 피하는 음식 1위가 '탄산음료'이고, 몸이 건강한 사람들도 탄산음료를 마시지 않는다. 그들 모두 탄산음료를 피하는 습관을 지니고 있다. 그렇다면 콜라를 마시는 습관은 나쁜 습관이다.

내가 이들처럼 탄산음료를 마시지 않으면 어떻게 될까?

건강이 훨씬 좋아질 것이다. 건강한 사람들의 습관을 단순히 따라 하기만 해도 탄산음료가 내 몸에 어떤 영향을 미쳤는지, 얼마나 건강에 해로웠는지조차 알 필요도 없이 그냥 내 몸은 건강해진다. 결국 건강한 습관을 따라 하기만 해도 건강해지는 것이다.

그럼 우리가 성공하려면 어떻게 해야 할까?

성공하고 싶다면 성공한 사람들의 습관을 따라 하면 된다. 성공한 사람들의 습관을 우리가 갖추어야 할 좋은 습관의 기준으로 삼아야 한다. 성공한 사람들의 습관을 따라 하다 보면 이런 습관이 어떤 이유로 이 사람의 성공을 이끌었는지 몰라도 우리는 성공해 있을 것이다.

성공한 사람들의 습관을 따라 한다는 것은 나의 습관을 성공한 사람들의 습관으로 바꾼다는 것이다. 이는 곧 나의 무의식 속 감정을 성공한 사람의 무의식 속 감정으로 바꾸어버리는 것을 말한다. 습관을 따라 한다는 것은 단순한 흉내 내기가 아님을 반드시 알아야 한다.

무의식이 인간 행위의 진정한 장소이다.

- 프로이트 (Sigmund Freud) -

3

성공한 사람들의 습관을
어떻게 알아내지?

　성공한 사람들의 말, 행동, 생각은 성공한 인생을 살게 하는 무의식 속 감정을 다양한 방법으로 담고 있다. 우리는 그걸 얻어내기 위해 성공한 사람들을 만나서 그들의 생각을 듣고, 행동을 보고, 이야기를 나누면서 친분을 쌓고 싶어 한다.

　맹자의 어머니가 맹자에게 훌륭한 교육환경을 만들어 주기 위해 세 번이나 이사를 한 맹모삼천지교孟母三遷之敎도 바로 이러한 이유 때문이다. 서당 근처로 이사했더니 맹자가 예의범절을 흉내 내고 학문을 가까이하게 된 것도 주위 사람들의 생각을 듣고, 행동을 보고, 이야기를 나누면서 그들의 무의식 속 감정을 배웠기 때문에 가능했던 행동이다.

우리에게 성공한 사람과 성공하지 못한 사람 중 한 사람만 만날 수 있다고 한다면 우리는 누구와의 만남을 선택할 것인가? 당연히 성공한 사람과의 만남을 선택할 것이다.

우리의 마음처럼 성공한 사람들도 더 성공한 사람을 만나고 싶어 한다. 성공한 사람들도 성공하지 못한 우리를 만나고 싶어 하지 않는다. 그래서 우리는 성공한 사람을 만날 기회를 얻지 못한다. 우리가 성공한 사람들과 만나기는 쉽지 않다. 직접 만나는 것보단 못하지만 차선책으로 삼을 수 있는 방법은 그들의 책을 읽는 것이다. 그들의 이야기를 통해 간접적으로 그들의 말, 행동, 생각까지 알아낼 수 있다.

성공한 사람과의 만남은 한순간에 끝날 수 있지만, 책이란 것은 항상 옆에 두고 여러 번을 읽을 수 있기 때문에 만남을 지속하는 듯한 효과도 생긴다. 또한 시간의 구애를 받지 않고 언제든지 접할 수 있다는 큰 장점이 있다.

내가 성공한 비결은

그저 남의 좋은 점을 따라했을 뿐이다.

- 샘 월튼 (Samuel Moore Walton) -

4

사랑으로 습관이 바뀐다?

　성공한 사람의 습관을 따라 하려면 우리의 의식적 행위. 즉 행동이 반복되어야 한다. 그런데 이러한 행동 없이도 우리의 습관이 바뀌게 되는 경우가 있다.

　따스한 사랑의 힘으로 우리의 습관이 바뀌기도 한다.

　평생 절대 바뀌지 않을 것만 같았던 견고한 습관이 너무나도 쉽게 바뀌어 버리는 것이다. 다시 말하면 견고하고 바뀌기 힘든 무의식 속 감정이 쉽게 바뀌어진다.

과거의 나는 콜라를 마시는 습관이 있었다. 어떤 음식을 먹을 때에도 주문하는 음료는 항상 콜라였다. 이러한 습관은 20년 가까이 계속되고 있었다. 콜라에 대한 나의 무의식 속 감정은 긍정적이었다.

어느 날 아내가 나에게 걱정스러운 표정으로 말을 했다. "콜라는 건강에 많이 안 좋대요. 그러니 안 먹었으면 해요. 우리 건강하게 오랫동안 살아요." 나를 진심으로 걱정해주는 아내의 따스한 사랑에 콜라에 대한 무의식 속 감정은 한순간에 부정적 감정으로 바뀌었다. 그날 이후 콜라를 완전히 끊어버렸다. 20년 동안 계속되었던 습관이 완전히 없어졌다. 사랑으로 무의식 속 긍정적 감정이 부정적 감정으로 바뀌어 버린 것이다.

이와는 반대로 무의식 속 부정적 감정이 긍정적 감정으로 바뀌는 경우도 있다.

'아이들은 자기 먹을 것을 가지고 태어난다.'라는 말이 있다. 지인이 "우리 애가 태어나고 나서 사업도 잘되고 돈도 많이 벌고 하는 일마다 잘돼."라는 말을 했다. 이분은 원래부터 돈에 대한 무의식 속 감정이 부정적이었다. 그래서 일정 이상의 돈을 벌지 못했다. 그러던 분이 태어난 아이를 보면서 따스한 사랑의 마음이 생기게 된 것이다. 내 아이를 물질적으로 부족함이 없이 키우고 싶다는 마음이 생긴 것이다.

그분은 자식에 대한 사랑으로 돈에 대한 무의식 속 감정이 긍정적으로 바뀌게 되고, 전보다 많은 돈을 벌게 된 것이다. 아이 스스로 자기 먹을 것을 가지고 태어난 것이 아니라 우리의 사랑이 돈의 무의식 속 감정을 바꾸었고, 바뀐 감정이 풍요로움을 끌어당긴 것이다.

이와 같은 따스한 사랑의 감정은 우리의 무의식 속 감정을 아주 짧은 시간에 바꾸어 놓는다.

사랑은 무한의 힘으로 한 사람의 인생을 통째로 바꾸어 놓을 수 있다.

사랑의 힘은
사랑을 몸소 경험해 볼 때가 아니면 알 수 없다.

- 아베 플레보 (Abbe Prevost) -

5

성공한 사람들의
습관과 루틴은 무엇인가?

 습관Habit이란 이미 형성되어 있는 무의식 속 행위가 나타나는 것이고, 루틴Routine이란 이런 습관들이 일정한 패턴을 가지고 진행되는 과정을 말한다. 쉽게 말해서 루틴은 습관의 순서를 정해 놓은 것이다.

 '작업을 시작하기 전에 먼저 책상을 정리한다. 책상 정리가 끝나고 나면 커피 한 잔을 마시고 컴퓨터를 켠다.' 이런 행위 중에서 책상 정리, 커피 한 잔 마시기, 컴퓨터 켜기의 각각의 행위는 습관이다. 그런데 책상 정리를 먼저하고, 그 후에 커피를 마시고, 마지막으로 컴퓨터를 켜는 나름의 순서는 루틴이다.

성공한 사람들은 일정한 습관과 루틴을 가지고 있다. 그들의 성공은 이러한 습관과 루틴에 기인한다. 개인 특성상 각각의 특이한 습관과 루틴도 가지고 있다. 워렌 버핏Warren Buffett은 회사 5분 거리에 있는 맥도널드 매장에서 아침을 먹는 특이한 습관이 있다. 기분에 따라 주문하는 음식도 정해져 있다.

그럼 우리는 성공한 사람들의 어떤 습관과 루틴을 따라 해야 할까?

유명한 운동선수들은 하나 같이 정확한 기본동작을 위해 반복적 훈련을 게을리하지 않는다. 이들은 정확한 기본동작을 습관화하기 위해 많은 시간을 기꺼이 투자한다. 이러한 유명 선수들이 모든 동작이 완벽하고 훌륭한 것은 절대 아니다. 하지만 그들이 다른 선수들과 달리 뛰어남을 보이는 것은 바로 이 기본동작이 정확하기 때문이다.

우리가 성공하기 위해서 성공한 사람들의 습관을 모두 따라 할 수는 없다. 우리만의 개성 있는 습관과 루틴이 있을 것이기 때문이다. 우리가 따라 할 성공한 사람들의 습관은 생활 중에서도 가장 기본적인 부분이다. 이러한 기본적인 부분에 해당하는 습관을 적으면 대략 7가지 정도가 된다.

첫 번째는 목표를 세운다.
두 번째는 운동을 한다.
세 번째는 찬물로 샤워를 한다.
네 번째는 명상을 한다.
다섯 번째는 휴식을 취한다.
여섯 번째는 메모를 한다.
일곱 번째는 독서를 한다.

6

성공한 사람들은
일에 미친 사람인가?

우리의 일상생활은 항상 일과 경쟁 속에서 자신의 위치를 확인받아야 한다. 이러한 일과 경쟁은 우리에게 스트레스를 유발한다. 스트레스는 우리의 심장 박동 수를 빠르게 하고, 몸의 체온을 높이면서 근육을 긴장시키는 역할을 한다. 동시다발적으로 이런 현상이 나타나는 것은 교감신경Sympathetic nerve 때문이다. 교감신경은 일, 활동, 운동, 긴장감, 두려움, 불안감, 스트레스와 밀접한 관계를 맺은 신경이다.

이런 교감신경이 활성화가 되기 시작하면 즉 스트레스를 받으면 심장 박동 수가 빨라지면서 우리의 뇌와 근육에 많은 산소와 연료를 공급하기 시작한다. 공급된 산소와 연료로 인해 사고능력은 향상되고, 신체적 활동량은 늘어나게 되면서 일의 처리속도는 빨라지게 된다. 교감신경은 일을 해결하거나 신체가 효율적으로 움직이는 데 큰 도움을 준다.

하지만 이런 상태가 계속되어 신경계의 과부하가 걸리게 되면 신체기능이 떨어지면서 우울한 감정도 생기게 된다. 이렇게 활성화된 교감신경의 과부하를 막는 역할을 하는 것이 부교감신경Parasympathetic nerve이다. 휴식, 수면, 샤워, 명상, 사랑, 감사, 행복감을 통해서 활성화된 심장 박동 수, 체온을 정상으로 되돌리고, 머리를 식히고, 긴장된 근육을 이완시킨다.

우리의 일상생활은 교감신경이 활성화될 수밖에 없는 구조로 되어 있다. 성공한 사람들은 더 많은 일과 경쟁 속에서 교감신경의 활성화가 극대화되어 있을 것이다. 이런 현실 속에서 부교감신경의 활성화를 늘려 교감신경과 균형을 맞추는 습관을 들여야 한다. 이러한 관점으로 성공한 사람들의 습관과 루틴을 정리해 보면 다음과 같다.

첫 번째는 목표를 세운다. - 부교감신경

두 번째는 운동을 한다. - 교감신경

세 번째는 찬물로 샤워를 한다. - 부교감신경

네 번째는 명상을 한다. - 부교감신경

다섯 번째는 휴식을 취한다. - 부교감신경

여섯 번째는 메모를 한다. - 부교감신경

일곱 번째는 독서를 한다. - 부교감신경

여기서 보듯이 성공한 사람들의 습관은 대부분 부교감신경과 관련되어 있다. 우리는 성공한 사람들이 일에 미쳐 있는 '일 미치광이'라고 알고 있지만, 실상 그들은 부교감신경에 엄청난 시간을 투자하는 사람들이다.

결론적으로 성공을 하기 위해서는 미친 듯이 일만 해서는 안 된다. 일에 대한 긴장감을 완화할 수 있는 여러 가지 부교감신경을 활성화해야 한다. 그래서 충분한 휴식과 명상, 독서 등을 즐길 수 있는 시간을 확보해야 한다.

성공한 사람들은 우리가 생각하기엔 너무도 비효율적이라

무시하게 되는 습관을 가지고 있다.

종종 급한 일에서 한걸음 비켜서서

차분히 자기만의 시간을 갖더라는 사실이다.

- 마이클 시몬스 (Michael Simmons) -

자신만의 시간을 언제 가지는가?

 부교감신경의 대표적인 것들이라 할 수 있는 휴식이나 명상을 하기 위해서는 자신만의 시간을 절대적으로 확보해야 한다. 누구에게도 터치를 받지 않는 온전한 자신만의 시간이 필요하다. 성공한 사람이든 그렇지 않은 사람이든 똑같은 시간이 주어진다. 성공했다는 이유만으로 더 많은 시간이 주어지는 것이 아니다. 그들이나 우리나 전부 같은 시간을 사용하는데 자신을 위한 별도의 시간을 내기가 우리처럼 쉽지는 않을 것이다. 아니 우리보다 더 바쁜 스케줄 덕분에 별도의 시간을 내기가 더욱더 어려울 수도 있다.

그럼 성공한 사람들은 언제 온전한 자신만의 시간을 가지는 것일까?

아침 시간은 하루를 시작하기 위한 준비를 해야 하므로 바쁘다. 그 이후부터는 직장인은 출근하고, 학생은 학교에 가고, 주부는 집안일을 하면서 하루 중에 제일 바쁜 시간을 보낸다.

일과를 마친 저녁부터는 자신만의 시간을 가질 수 있지만, 의외로 온전한 개인적 시간이 많지 않다. 공과금 납부 등의 잡다한 일들부터 쓰레기 분리수거 등의 밀린 집안일까지 주변을 정리해야 할 때도 있다. 사랑하는 사람과 시간을 보내기도 하고, 친구나 지인들을 만나 친목을 도모하기도 한다. 때로는 야근을 하면서 퇴근을 못 할 수도 있다.

하루를 아무리 쪼개보아도 외부의 방해 없는 온전한 자신만의 시간을 갖기는 쉽지 않다. 그래서 성공한 사람들은 온전한 자신만의 시간을 가지기 위해서 새벽 시간과 잠들기 직전의 시간을 사용한다. 그 둘 중에서도 특히 많은 시간을 확보할 수 있는 새벽 시간을 굉장히 소중히 생각한다.

그래서 성공한 사람들은 평균적으로 새벽 5시에 일어난다. 그렇게 되면 보통 2~3시간 정도의 시간을 확보할 수 있다. 새벽 시간에는 누구의 연락도 오지 않는다. 진정한 자신만의 시간이 확보되는 것이다.

새벽 시간의 확보를 위해서 하루를 마치는 시간도 남들보다 빠르다. 대체로 9시~10시 사이에 잠자리에 든다. 저녁 식사를 하고 거의 3시간 만에 잠자리에 드는 것이다. 특별한 날이 아닌 이상 성공한 사람들은 저녁 식사 이후에 바로 헤어지는 편인데 이것 역시 이 시간을 확보하기 위한 헌신적인 노력의 일환이다.

늦게 일어남으로써 아침을 줄이지 말라.
아침은 생명의 본질로써
어느 정도까지는 신성한 것으로 여겨라.

- 쇼펜하우어 (Schopenhauer) -

8

첫 번째 : 목표를 세운다

목표를 세우는 방법은?

3천만 원을 빌려야 하는 상황을 가정해 보자. 전화를 걸어 3천만 원을 빌려달라고 부탁을 할 것이다. 이때 '부탁'이라는 단어는 어떤 느낌을 주는가? '부탁'이라는 단어를 듣는 순간에 얻고자 하는 대상이 없다는 결핍의 감정이 느껴진다. 즉 '부탁'은 결핍이라는 부정적 감정을 느끼게 하는 단어이다.

그런데 상대방이 흔쾌히 3천만 원을 빌려주었다면 우리는 연신 "감사합니다."라고 대답을 할 것이다. 이때 '감사'라는 단어는 어떤 느낌을 주는가? '감사'라는 단어를 듣는 순간 얻고자 하는 대상을 가지고 있다는 만족의 감정이 느껴진다. 즉 '감사'라는 단어는 만족이라는 긍정적 감정을 느끼게 하는 단어이다.

우리의 뇌는 현실과 상상을 구분하지 못하기 때문에 현실인 것처럼 상상할 수 있다면 현실과 같은 반응을 끌어낼 수 있다. 이를 '자기 속임Self-deception'이라고 한다.

이러한 자기 속임을 할 때 결핍의 감정으로 뇌를 속일 것인가? 만족의 감정으로 뇌를 속일 것인가? 우리는 어떤 선택을 할 것인가?

우리는 주저 없이 만족의 감정을 느끼는 '감사'의 방식으로 상상을 할 것이다. 즉 만족의 감정으로 자기 속임을 선택할 것이다. 그래서 목표를 세울 때는 '부탁'의 방식이 아닌 '감사'의 방식을 사용해야 한다.

나는 '1년 후에 매달 천만 원 이상의 돈을 벌 수 있다.'고 목표를 세웠다. 이 목표에 대한 정확한 글귀는 '1년 후 매달 천만 원 이상의 돈을 벌게 되었네요. 정말 감사합니다.'였다. 절대 '1년 후에 매달 천만 원 이상의 돈을 벌게 해주세요.'라는 부탁은 하지 않았다. 나 스스로 결핍의 감정이 아닌 만족의 감정을 선물했다.

📜 '감사의 목표'는 우리가 목표로 하는 것을 달성할 수 있는 충분한 자격이 있음을 증명하는 것이다.

고마움을 통해 인생은 풍요해진다.

- 본회퍼 (Dietrich Bonhoeffer) -

긍정의 굴레와 부정의 굴레

우리의 뇌에는 망상 활성계Reticular Activating System라는 신경계가 있다. 망상 활성계는 우리가 원하는 정보만을 받아들이고 그 외에는 걸러내는 역할을 한다.

취업 2년 차 L 씨는 서울에 있는 아파트를 사려고 친구에게 조언을 구했다. L 씨가 사려는 아파트는 지은 지 오래된 낡은 아파트였고, 지하철에서 조금 떨어져 있었다. 직장 가까이에 있지 않았고 당연히 대출도 받아야 했다. 친구들의 의견은 2개로 갈렸다. '낡았다. 역세권이 아니다. 직장에서 멀다. 대출이자도 갚아야 한다.' 등의 이유로 사지 말라는 의견과 '낡았지만 서울 소재 아파트다. 집값이 오를 것이다. 월세 대신에 이자를 내라. 이사할 걱정도 없다.'는 이유로 사야 한다는 의견으로 나누어졌다.

혼란스러워하는 L 씨에게 역으로 질문을 던졌다. "사지 말라는 친구 중에 집이 있는 사람이 있나요?" L 씨는 곰곰이 생각해 보더니, 특이한 점을 발견했다. 집을 사지 말라는 친구들은 전부 집이 없었고, 집을 사라는 친구들은 전부 자기 집을 가지고 있었던 것이다.

 망상 활성계는 부동산에 대해 부정적 감정이 있는 사람에게는 부동산에 대한 부정적 정보만 받아들이고, 긍정적 정보는 걸러내는 역할을 한다. 그래서 부정적 감정이 있으면 계속 부정적 정보만을 받아들이게 되는 것이다. 우리가 '부정의 굴레'에 갇히게 되는 중대한 역할을 하는 것이 망상 활성계다. 부동산에 대해 긍정적 감정이 있는 사람에게는 반대로 긍정적 정보만을 받아들이게 되는 것이다. 망상 활성계 때문에 우리가 '긍정의 굴레'에 들어갈 수 있다.

우리의 마음은 밭이다. 그 안에는 기쁨, 사랑, 즐거움, 희망과 같은 긍정의 씨앗이 있는가 하면 미움, 절망, 좌절, 시기, 두려움 등과 같은 부정의 씨앗이 있다. 어떤 씨앗에 물을 주어 꽃을 피울지는 자신의 의지에 달렸다.

- 틱낫한 스님 (Thich Nhat Hanhl) -

목표의 성취를 계속해서 감사하자

스노우폭스Snowfox 김승호 회장은 자신의 목표를 액자에 걸어 놓거나 그에 알맞은 이미지를 포스터로 제작해서 그려 놓았다. 그걸 보면서 이것을 달성하는 자신의 모습을 상상했다. 앤드류 카네기Andrew Carnegie는 자신이 세운 계획을 종이에 적고 하루에 두 번 아침에 일어나서 그리고 잠들기 전에 큰 소리로 읽었다. 읽을 때는 자신이 원하는 돈을 갖은 걸 마음속으로 보고 느끼고 믿으면서 읽었다.

성공한 사람들은 예외 없이 목표가 이미 성취되었다는 상상을 한다. 어떤 사람은 목표를 읽으면서 상상하고, 어떤 사람은 상상의 대상을 아예 그림으로 만들어 버린다. 그리고 성취에 대한 감사의 마음을 가진다.

이러한 일을 반복해서 계속하는 이유는 무엇일까?

망상 활성계를 재설계하기 위한 것이다. 우리의 망상 활성계는 시각화를 통해서 재설계될 수 있다. 이 시각화는 직접 보는 것뿐만 아니라 상상하는 것도 포함된다.

나는 '1년 후 매달 천만 원 이상의 돈을 벌게 되었네요. 정말 감사합니다.'라고 목표를 세웠다. 처음에는 이 목표를 종이에 쓰고 읽으며 상상했다. 좀 더 실감나는 상상을 하기 위해서 은행 앱App을 통해 통장의 잔액을 확인하면서 상상했다. 이런 식으로 나의 망상 활성계를 재설계했다.

나의 이런 목표를 비웃으며 불가능하다고 말하는 사람들이 얼마나 많았는지 모를 것이다. 참으로 많은 사람이 자신의 경험을 바탕으로 나를 비웃었다. 조언이라고 해준답시고 포기하라는 말만 하였다. 이런 비웃음에서도 꿋꿋할 수 있었던 것은 나의 망상 활성계가 돈에 대한 긍정적 감정으로 재설계가 되었기 때문이었다.

남들이 하지 않은 처음 일은 다 무모해 보인다. 그렇지만 처음부터 무모해 보이지 않는 생각은 아무런 희망이 없다.

- 알버트 아인슈타인 (Albert Einstein) -

목표 성취에 대한 감사는 언제 해야 하나?

목표의 성취에 대해 감사를 하는 방법은 크게 2가지가 있다. 특정 시간을 정해서 하는 방식과 수시로 하는 방식이 있다. 나는 옛날에 목표 성취에 대한 감사를 수시로 했지만, 현재는 2가지 방법을 모두 사용하고 있다.

특정 시간을 정해서 할 때에는 새벽 시간과 잠들기 직전에 2번에 걸쳐서 하고 있다. 새벽 시간에 목표 성취에 대해 감사를 하는 이유는 오늘 하루도 감사한 일이 많이 생길 것이라는 확신을 확인하기 위함이다. 이를 통해서 나의 하루의 주도권을 잡을 수 있다.

잠들기 직전에 목표 성취에 대해 감사를 하는 이유는 목표에 대한 새로운 창의성과 직관이 생기게 하기 위함이다. 우리가 잠들기 직전 뇌는 창의성과 직관을 유발하는 세타θ파가 가장 활성화된다. 이 순간을 활용해서 다음 날을 대비하는 것이다.

긍정적인 마음가짐은 영혼을 살찌우는 보약이다.
이러한 마음가짐은 우리에게 부, 성공, 즐거움과 건강을 가져다 준다.

반대로 부정적인 마음가짐은 영혼의 질병이며 쓰레기다.
이는 부, 성공, 즐거움과 건강을 밀어내고 심지어 인생의 모든 것을 앗아간다.

- 나폴레온 힐 (Napoleon Hill) -

9

두 번째 : 운동을 한다

운동을 하는 방법은?

우리는 운동은 매일 같이 꾸준히 해야 한다고 생각한다. 그런데 우리가 운동을 하는 이유는 무엇일까? 운동이 인생의 목표가 아닌 이상 운동 자체는 우리의 목표를 위한 수단에 불과하다. 즉 목표를 달성하기 위해 필요한 신체적, 정신적 건강을 가지기 위한 수단일 뿐이다. 그렇다면 건강을 위해 필요한 정도의 운동이면 충분한 것이지 매일 같이 운동을 할 필요는 없다.

그럼 성공한 사람들은 어떻게 운동을 하는 것일까?

성공한 사람들의 대략 76%가 하루에 30분 이상씩 일주일에 4번 정도의 운동을 하고 있다. 그리고 이들이 주로 하는 운동은 걷기나 조깅, 스트레칭, 수영 등의 유산소 운동이다.

운동의 강도는 어때야 하는가?

땀을 흘릴 정도로 적당한 운동을 하는 것이 중요하다. 땀을 흘릴 정도로 적당한 운동이라는 것은 육체적 고통이 발생할 정도의 운동을 말한다. 운동 후에 육체적 고통이 발생하게 되면 우리 몸은 고통을 견딜 수 있게 하는 엔도르핀Endorphin을 분비하기 시작한다. 이 엔도르핀이 분비되면서 스트레스가 풀리고 기분을 상쾌하게 해 준다.

최근 연구에 따르면 적당한 운동은 몸의 면역세포를 증가시키고 반대로 과도한 운동은 오히려 면역세포를 감소 시켜 면역 기능을 떨어뜨린다는 연구 결과가 나왔다. 그래서 운동의 강도와 시간을 자신에 맞게 조절해야 한다. 처음에는 낮은 강도의 운동을 짧은 시간 실시하면서 신체의 적응 정도에 따라 점차 강도를 높여나가야 한다.

운동을 해야 하는 시간은?

연구에 따르면 엔도르핀은 새벽 시간에 더 많이 분비된다. 새벽에 운동을 하게 되면 엔도르핀으로 인해 하루를 활기차게 보낼 수 있다. 또한 새벽 운동으로 인한 피곤함 때문에 일찍 잠자리에 들게 되고, 잠을 깊이 자는 데도 도움이 된다. 결과적으로 같은 운동량이라면 새벽 시간에 운동을 하는 것이 더 효과적이다.

운동의 효과는?

미 위스콘신대 연구진에 따르면 규칙적이고 지속적인 유산소 운동은 심폐 능력을 강화하고, 산소와 영양분이 뇌에 원활하게 공급되면서 뇌 신경세포를 성장시킨다. 그래서 일에 대한 집중력이 높아지고, 창의적인 사고력도 향상한다. 운동을 하는 사람의 업무능률이 운동을 하지 않은 사람보다 높다는 연구 결과도 나왔다.

나는 일주일에 반드시 3회 이상 운동을 하는데 무슨 일이든 잘하려면 에너지가 필요하다.

건강해야 더 많은 에너지를 얻을 수 있다.

- 마크 저커버그 (Mark Elliot Zuckerberg) -

세 번째 : 찬물로 샤워를 한다

샤워의 방법은?

찬물 샤워는 충분한 운동으로 체온을 올린 후에 하는 것이 좋다.

만약 운동을 하지 않아서 몸에 체온이 낮다면 먼저 따뜻한 물로 샤워를 해서 체온을 올리고 그 후에 찬물 샤워를 하는 것이 좋다. 또한 심장에서 가장 먼 부위인 발끝부터 점점 심장에 가까워지는 부분으로 찬물을 뿌리는 것이 좋다. 심장에 과도한 무리를 주지 않기 위해 이런 방식을 사용하길 권한다.

왜 운동 후에 찬물 샤워를 해야 하나?

찬물로 샤워를 하면 운동에 따른 근육의 고통을 완화하고 염증의 반응을 줄여 빠른 속도로 몸의 피로를 해소한다. 운동선수들이 근육의 통증을 완화하고 빠른 회복을 위해서 얼음찜질을 하는데 찬물 샤워도 이런 효과를 일으키는 것이다.

찬물 샤워의 효과는?

찬물로 샤워를 하면 신진대사가 활발해지고, 백혈구 생성이 많아져서 면역체계가 강화된다. 감기를 예방하고 싶다면 오히려 찬물 샤워가 도움이 된다. 혈액 순환이 좋아져 고혈압과 동맥경화 등의 혈관질환을 예방할 수 있다.

찬물로 샤워를 하면 몸속에 글루타치온Glutathione의 생성을 증가 시켜 스트레스에 대한 빠른 안정감을 찾게 해준다. 또한 몸에 해로운 요산Uric acid의 수치를 낮춰준다. 화가 날 때 찬물을 몸에 끼얹게 되면 화가 가라앉는 것도 이 때문이다.

우리의 피부는 냉감 수용체의 밀도가 높아서 찬물 샤워를 하면 뇌의 자극이 대량으로 전달되고 이러한 뇌는 아드레날린 분비를 촉진하여 우울증을 감소시킨다. 니콜라이 셰브추크 Nickolai Shevchuk 박사는 찬물 샤워는 항우울증 치료약 보다 우울증 치료에 효과적이라고 했다.

나는 목욕 후 늘 찬물로 샤워를 하는 생활을 계속해 왔는데 처음엔 어려운 일 같았으나 막상 해보니 건강이 좋아졌습니다. 여러분들도 체질에 맞는다면 찬물 샤워를 생활화해 보십시오.

- 정주영 (鄭周永) -

네 번째 : 명상을 한다

명상을 하는 이유는?

명상Meditation이란 우리의 생각을 철저히 배제한 채, 있는 그대로를 느끼는 연습을 말한다. 생각을 배제하다 보니 생각에서 나오는 감정까지 배제가 된다. 따라서 '명상'은 생각과 감정에 끌려가지 않는 '고요한 상태'라고도 한다.

그럼 성공한 사람들은 왜 명상을 하는 것일까?

일반적으로는 마음의 평온을 얻기 위해서, 집중력이나 창의력을 높이기 위해서 명상을 한다고 말한다.

하지만 성공한 사람들은 크게 2가지 이유로 명상을 한다. 명상하게 되면 목표 성취에 대한 더욱 강력하고 지속성 있는 상상이 가능하게 된다. 또한 자신의 직감을 더욱 정확하게 느끼게 된다.

강력하고 지속성 있는 상상이 가능해진다

실제로 목표의 성취에 대한 감사를 상상해보자. 몇 초 지나면 바로 다른 생각을 하는 자신을 볼 수 있을 것이다. 나도 처음에는 '1년 후 매달 천만 원 이상의 돈을 벌게 되었네요. 정말 감사합니다.'라고 상상을 하다가 갑자기 '배가 고픈데. 뭘 먹지.' 또는 '학원 자료 준비를 서둘러 해야겠어.'라는 전혀 상관없이 생각들이 떠오르면서 상상의 지속성이 엄청나게 짧았다.

'명상'은 생각과 감정에 끌려가지 않는 훈련을 통해서 우리에게 생각과 감정을 통제할 수 있게 해준다. 그래서 명상을 하게 되면 우리의 상상을 방해하는 다른 생각이나 감정을 떠오르지 않게 해줄 수 있고, 떠오른 생각도 제거할 수 있게 해 준다.

명상을 하면 목표의 성취에 대한 상상이 너무도 생생하게 되고 상상이 지속되는 시간도 많이 길어진다. 이렇게 발생하는 감정의 주파수는 명상 이전에 발생하는 감정의 주파수에 비해 훨씬 강력하다.

직감을 더욱 정확하게 느낀다

우리의 무의식 속 감정이 끌어당기고 있는 외부적인 상황에 대해서 직감으로 정확한 선택을 내려야 하는 순간이 온다. 이때 이 직감을 정확하게 파악하기 위해서는 잡다하게 생기는 여러 감정을 배제할 수 있어야 한다. 그래야만 직감에 따른 제대로 된 선택을 할 수 있게 된다.

명상하지 않는다면 얼마든지 잘못된 판단을 할 수 있고, 나 자신이 끌어당긴 일도 망칠 수 있다. 명상을 통해 정확한 판단이 가능하게 되면 내가 원하는 목표를 달성할 수 있다. 결국, 명상이란 내 인생을 방향을 잡아가는 선택을 가능하게 해주는 아주 중요한 수단이다.

사업수완이 좋으신 H 사장님은 '사업'에 대한 무의식 속 감정이 긍정적이다. 끌어당김을 통해 사업 확장이나 새로운 계약 건이 끊임없이 생겼다. 그러한 H 사장님도 직감에 따른 판단이 잘 서질 않아서 많은 고민을 하셨다.

그 이유는 '욕심'과 '두려움'의 감정이 직감을 파악하는데 방해가 되었기 때문이다. H 사장님은 그 뒤로는 명상을 통해 마음속 감정을 정리하고 정확한 결정을 내릴 수 있었다.

명상을 하면 직감을 정확하게 판단할 수 있는 이유는 무엇인가?

호수에 돌을 계속해서 던지면 호수의 표면은 물결로 요동칠 것이다. 던지는 돌의 크기에 따라, 얼마나 자주 던지는지에 따라 크고 작은 파장이 엄청나게 일어난다. 이런 상황에서 호수 밑바닥에서 떠오르는 공기 방울이 만들어내는 물결을 확인하는 것은 불가능할 것이다. 돌을 던져서 생긴 물결 중의 하나로 보일 뿐이다.

우리의 마음이 호수이고, 갑자기 떠오르는 생각과 감정이 호수에 던지는 돌이다. 우리의 직감은 호수 밑바닥에서 떠오르는 공기 방울의 물결이다. 아무리 직감이 떠올라도 수많은 생각과 감정의 일부에 묻히게 되면 느끼는 것이 불가능하다.

하지만 명상을 통해 생각과 감정을 배제하게 되면 마음의 호수는 잔잔함을 유지할 수 있다. 이런 상황에서는 아주 작은 공기 방울이 만들어내는 물결도 호수에 선명하게 표시가 된다. 호수가 잔잔하면 할수록 그 파장은 더욱 선명해질 것이다. 이런 이유로 명상을 하게 되면 우리의 직감을 정확하게 파악할 수 있는 것이다.

가만히 앉아서 내면을 들여다보면 우리의 마음이 불안하고 산란하다는 것을 알게 됩니다. 그것을 잠재우려고 애쓰면 더욱더 산란해질 뿐이죠.

하지만 시간이 흐르면 마음속 불안의 파도는 점차 잦아들고, 그러면 보다 미묘한 무언가를 감지할 수 있는 여백이 생겨납니다. 바로 이때 우리의 직관이 깨어나기 시작하고 세상을 좀 더 명료하게 바라보며 현재에 충실하게 됩니다.

마음에 평온이 찾아오고 현재의 순간이 한없이 확장되는 게 느껴집니다. 또 전보다 훨씬 더 많은 것을 보는 밝은 눈이 생겨납니다.

이것이 마음의 수양이며 지속적으로 훈련해야 합니다.

- 스티브 잡스 (Steve Jobs) -

12

네 번째 – 1 : 명상 훈련 방식

어떻게 훈련을 해야 하는가?

명상을 훈련할 때에는 단계적으로 해야 한다.

명상을 한다고 눈을 감는 순간, 우리의 뇌가 얼마나 미친 듯이 혼란스러운 생각과 감정을 두서없이 마구 내뱉고 있는지를 알게 된다. 이 혼란스러움을 어디서부터 잡아야 할지 매우 당황스럽다. 이런 당황스러움 없이 명상을 잘하고 싶다면 차근차근 단계를 밟아가면서 혼란스러움 없이 진행해야 한다.

훈련단계는 크게 3단계로 진행된다.

먼저 해야 할 것은 생각의 상당 부분을 없애는 생각의 단순화 훈련이다.

그다음으로는 감각 그 자체를 느끼는 훈련을 해야 한다.

마지막으로 감정을 제거하는 훈련을 한다.

1단계 침묵해라

우리의 뇌가 얼마나 많은 생각들을 동시에 쏟아내고 있는지 평소에는 알지 못한다. 왜냐하면 사람들과 대화를 하기 때문이다. 우리의 생각은 대화의 소재가 되고, 그 대화를 하기 위해 새로운 생각들이 계속 떠오른다고 생각하기에 우리 자신의 뇌의 상태를 인지하지 못하는 것이다.

그래서 제일 먼저 침묵을 해야 한다. 침묵을 해야 대화를 하지 않고 있음에도 우리의 머릿속은 새로운 생각을 끊임없이 떠올리고 있다는 것을 알게 된다. 그제서야 우리의 뇌가 통제되지 않는 정신없는 상태임을 깨닫게 된다.

2단계 혼잣말을 해라

이렇게 미친 듯이 떠오른 여러 가지의 생각을 하나의 생각으로 집중하게 만들어야 한다. 그래서 다음으로 사용하는 것이 혼잣말이다.

혼잣말을 하기 위해서는 우선 내 생각을 정리해야 한다. 정리된 내 생각을 나의 목소리로 말하게 되고, 그렇게 하는 말을 나 자신이 집중해서 듣게 된다. 혼잣말을 하는 순간 생각은 오로지 '나'로부터 시작해서 '나'로 끝나게 된다. 내가 혼잣말을 하는 순간만큼은 다른 생각이 개입할 여지가 없어진다.

혼잣말은 나 자신에게 더욱 집중할 수 있도록 짧고 논리적으로 해야 하는 것이 핵심이다. 심리학자들의 연구 결과 사회적으로 성공한 사람들은 거의 대부분 혼잣말을 하고 있었다.

성공한 사람들은 이미 뇌를 단순화하는 방법을 알고 있는 것이다.

3단계 행위를 관찰해라

혼잣말을 통해서 생각을 나 자신에게 향하게 했다면 이번에는 나에 대한 생각 자체도 줄이는 훈련을 해야 한다. 행위를 관찰함으로써 생각을 줄이는 이 방법을 행위관찰Behavior-observation이라고 부른다.

행위관찰을 더욱 효율적으로 하기 위해서는 행위 중에서도 역동적이고 규칙적인 행위를 관찰하는 것이 좋다.

걸음을 걸을 때가 행위관찰을 하기에 최적화된 움직임이다. 왼발을 내디딜 때 '왼발', 오른발을 내디딜 때 '오른발'이라고 생각하면서 움직임을 관찰한다. 이를 걷기 명상이라고도 한다. 이때 "왼발, 오른발, 왼발, 오른발."의 혼잣말을 해가면서 행위를 관찰하면 더욱 생각이 줄어들 것이다.

4단계 감각을 관찰해라

마음에서 일어나는 감정을 관찰하기는 쉽지 않다. 그래서 감정 관찰에 앞서 신체의 감각을 관찰하는 연습을 해야 한다. 감각을 관찰할 때에도 시각적 상상이 쉽게 되는 감각부터 시작해서 나중에는 시각적 상상이 쉽게 되지 않는 감각으로 관찰범위를 옮겨야 한다.

시각적 상상이 쉽게 되는 감각은 주로 손과 팔처럼 우리의 시선에 쉽게 접해지는 부분을 하는 것이 좋다. 먼저 손가락 끝에서 찌릿한 감각이 느껴진다고 상상한다. 그리고 이 찌릿한 감각이 손가락을 지나 손바닥으로 옮겨오는 상상을 한다. 그다음으로 손목에서 팔꿈치로 신체를 이동하면서 나의 몸에 찌릿한 감각을 상상한다. 이런 식으로 옮겨가며 감각을 관찰한다.

다음으로 시각적 상상이 쉽게 되지 않는 호흡을 관찰한다. 코로 숨이 들어오고 나가는 것을 관찰하는 것이다. 눈에 보이는 것이 거의 없다 보니 생각들이 많이 떠오를 수도 있다. 그럴 때는 숨을 들이마시면서 '들이마심', 숨을 내쉬면서 '내쉼'이라고 혼잣말을 붙여가며 관찰하게 되면 생각이 많이 사라질 것이다. 이 방법이 익숙해지면 호흡 그 자체만을 관찰해야 한다.

5단계 감정을 관찰해라

마음에서 느껴지는 감정을 관찰하는 것을 감정 관찰Emotion-observation이라 한다.

우리의 뇌는 보고, 듣고, 느끼는 대상에다가 감정을 더해서 현실을 왜곡시켜 버린다. 강아지를 보면 '예쁘다'라고 감정을 붙이는 순간, 강아지라는 대상 자체의 본질을 벗어나게 되는 것이다. 이러한 감정의 발생을 인식했다면 감정을 제거하고 대상 자체를 그대로 인식하는 연습을 해야 한다.

다음 단계의 명상방법이 있지만 평범한 삶을 살아가는 우리에게 불필요한 부분이다. 이 정도의 깊이 있는 명상까지 훈련할 필요는 없을 것 같다. 명상방법에 대해서는 이 정도로 설명을 마무리 짓겠다.

다섯 번째 : 휴식을 취한다

마커스 라이클Marcus Raichle 교수는 뇌가 활동을 멈추고 휴식을 취할 때 특정 신경세포망이 연결되어 활성화한다는 사실을 알아내어 이를 디폴트 모드 네트워크Default mode network라고 불렀다. 디폴트 모드 네트워크가 활성화되면 창의성과 통찰력이 증진되고 신체의 리듬이 정상으로 돌아온다. 휴식이란 것은 시간을 허비하는 것이 아니라 우리에게 필요한 것들을 만들어내기 위한 최상의 충전 활동이란 것이 과학적으로 밝혀진 것이다.

성공한 사람들은 일을 시작할 때에는 잠을 잊어가며 미친 듯이 몰두한다. 고작 3~4시간을 자면서 열정적으로 일에 몰두한 이야기는 너무나 많다. 그러다 어느 정도 사업이 안정되면 수면 시간을 7~8시간 정도로 늘리면서 충분한 휴식을 취한다.

K 씨는 퇴사 이후에 집에서 수학을 가르치며 공부방을 운영했다. 공부방 홍보부터 자료 준비, 강의, 학생 관리, 학부모 상담까지 혼자 도맡아 했다. 이 일에 가족의 생계가 걸려있으니 잠시도 한눈팔 수가 없었다. 가족의 생계를 위해 하루에 3~4시간 정도만 자면서 완벽하게 준비를 했다.

치밀한 준비와 열정적 운영에 입소문을 타면서 여러 개의 반이 개설되면서 수입도 좋아졌다. 나중에는 강사 2명 정도는 충분히 채용할 수 있는 재정 상태가 되었다.

이 시기에 K 씨는 사업을 확장할지에 대한 고민에 빠졌다. 집에서 공부방을 운영하다보니 K씨뿐만 아니라 가족들도 상당히 지쳐있는 상태였다. 나는 K 씨에게 강사를 채용하고 자신을 위한 시간적 여유를 가져야 할 시기라고 조언했다. K 씨는 나의 조언을 받아들여 공부방을 접고 주변 건물에 학원을 열었다. 그리고는 강의를 줄이고 휴식 시간을 충분히 늘렸다.

이때부터 K 씨는 학원의 수입을 올리기 위한 아이디어를 짜기 시작했다. 그동안의 노하우를 바탕으로 새로운 학생 관리 시스템과 성적향상 커리큘럼을 만들었다. K 씨의 학원은 성적 향상은 물론 학생 관리까지 철저히 해주는 학원으로 그 지역에서 유명해졌다. 그로 인해 K 씨는 더 많은 수입이 생겼다. 일하는 시간은 훨씬 줄어들면서 말이다.

만약 K 씨가 당시의 수입에 욕심을 부려서 공부방을 혼자서 운영했다면 여전히 밤을 새우며 일을 하고 있을 것이다.

휴식은 게으름도, 멈춤도 아니다.

- 헨리 포드 (Henry Ford) -

14

여섯 번째 : 메모를 한다

목적에 따라 2가지 방법으로 구분해서 메모해야 한다.

'중요한 일'에 대한 메모는 내용을 오랫동안 기억하기 위한 목적으로 한다. 반면에 '잡다한 일'에 대한 메모는 내용을 잊어버리게 하고 시간의 소비를 최소한으로 한다는 목적이 있다.

'중요한 일'이란 써 놓은 내용을 가지고 있다가 나중에 다시금 봐야 하는 내용을 말한다.

적은 메모를 나중에 다시 봐야 하므로 내용을 이해하고 핵심을 요약해서 기록해야 한다. 나중에 메모를 보더라도 단번에 내용을 알 수 있도록 해야 하기 때문이다.

적은 내용은 하나하나가 가치가 있기 때문에 각각 따로 적어야 한다. 이 메모를 기반으로 해서 새로운 아이디어를 덧붙이기도 하고 재구상을 하기도 한다.

성공한 사람들은 중요한 일에 대한 메모를 자신이 잘하는 것을 기재하거나 자신이 자랑스러워할 만한 내용을 꼼꼼히 기재하는 데도 사용한다. 슬럼프에 빠지거나 좌절하는 상황이 발생했을 때 이 메모를 보면서 힘든 순간을 극복해 내는 용도로 사용하기 때문이다.

느닷없이 떠오르는 생각이 가장 귀중한 것이며,
보관해야 할 가치가 있는 것이다.

메모하는 습관을 갖자.

- 베이컨 (Francis Bacon) -

'잡다한 일'은 여러 개의 일을 써 놓고 한 번에 해결하기 위해서 적는 메모를 말한다.

메모를 적은 이후에 그 내용을 잊어버림으로써 신경을 쓰지 않으려는 목적으로 적는다. 그렇게 확보된 뇌의 용량을 다른 일에 사용하기 위한 것이다.

따라서 내용을 이해할 필요 없이 간단히 기재하면 충분하다. 또한 적은 내용을 최대한 모아서 한꺼번에 처리한다. 시간의 소비를 최소화할 수 있도록 일의 순서를 잡고서 실행하면 된다. 일의 해결 후에는 보관 없이 바로 삭제한다.

기록하고 잊어라.

잊을 수 있는 기쁨을 만끽하면서

항상 머리를 창의적으로 쓰는 사람이 성공한다.

그 비결은 바로 메모 습관에 있다.

- 사카토 켄지 (Kenji Sakato) -

15

일곱 번째 : 독서를 한다

책을 통해 관련 지식을 정리한다

워런 버핏Warren Buffett은 16세 때 이미 수백 권의 책을 독파했다. 사업을 할 때에도 아침 일찍 사무실에 나가서 제일 먼저 시작한 것이 책 읽기였다. 여덟 시간의 업무를 마치고 나면 다시 읽을거리를 가지고 집으로 돌아와 또 책을 읽었다.

물론 책이 실전에서 필요한 모든 내용을 담을 수는 없다. 하지만 알고 싶은, 알아야 할 기본적인 지식 이상의 것은 기재되어 있다. 성공한 사람들은 독서를 통해서 빠른 시간 내에 필요한 지식을 쌓는다. 많은 책을 읽고 이미지화하면서 자신이 얻은 지식을 실전 같은 느낌으로 정리한다. 성공한 사람들은 책을 통해서 시공간을 뛰어넘는 경험을 체득하는 것이다.

오늘의 나를 있게 한 것은 우리 마을 도서관이었고 하버드 졸업장보다 소중한 것이 독서하는 습관이다.

- 빌 게이츠 (Bill Gates) -

책을 통해 사람과 연결된다

우리는 성공한 사람들의 책을 읽음으로써 간접적이나 성공할 수밖에 없었던 그들의 말, 행동, 생각까지 알아낼 수 있다. 성공한 사람들에게 이메일을 보내지 않아도, 별도의 비용을 지불하지 않아도 시간이나 장소의 구애 없이 언제든지 책을 통해서 만날 수 있다. 책을 펴기만 하면 늘 만날 수 있는 편안한 상대가 되어 버린다.

태어날 때부터 성공한 사람은 없다. 물론 부유한 집안에서 태어난 사람이 있지만, 그 사람에게 성공했다는 평가가 붙기 위해선 모두 노력해야 하는 것은 동일하다. 그들도 우리처럼 자신보다 더 성공한 사람을 만나고 싶어 했을 것이고 우리와 똑같이 만날 기회가 없었을 것이다. 그래서 그들도 성공한 사람들의 자서전을 읽었을 것이다. 그들은 이미 성공했지만, 여전히 그 습관을 지니고 있다. 이런 이유로 성공한 사람들은 모두 책을 읽는 습관을 지니고 있다. 그중 80% 이상은 매일 30분 이상씩 책을 읽는다. 그들이 주로 읽는 책은 자기계발 서적과 성공한 사람들의 자서전, 그리고 역사에 관한 서적들이다.

같은 책을 읽었다는 것은

사람들 사이를 이어 주는 끈이다.

- 에디슨 (Thomas Alva Edison) -

16

습관이 만들어질 수 있는 기간은?

 런던 대학의 제인 필리파 랠리Phillippe Lally 교수 연구팀은 평균 21일 정도가 지나면 습관이 생기기 시작하고, 평균 66일이 지나면 습관을 완전히 익히게 된다는 결론을 얻었다. 하지만 이 수치는 평균값일 뿐 실제로는 18일부터 254일까지 사람마다 커다란 편차가 있었다.

 새로운 습관을 만들어나가는 것인지, 기존의 습관을 바꾸는 것인지, 자신의 무의식 속에서 유지된 기간이 어느 정도인지, 노력의 정도나 주변의 환경은 어떠한지에 따라 습관형성에 걸리는 기간은 천차만별이다. 결론적으로 습관을 형성하는데 정해진 기간은 없다고 봐야 한다.

그럼에도 나는 10주의 시간이 필요하다고 주장한다. 이 기간을 '습관이 만들어질 수 있는 기간'이라고 부른다. 나는 과외 학생들에게 하루에 10시간 정도 공부를 시켰는데 10주가 지난 시점에 하루 10시간 공부가 습관이 된 학생도 있었지만 습관이 되지 못한 학생도 있었다.

그런데 습관이 되지 못한 학생들도 원래대로 돌아가는 것을 거부하고 하루에 10시간 정도 공부를 하려고 노력했다. 그동안의 노력과 고생이 아까워서라도 반드시 습관을 들이겠다고 자발적인 노력을 계속하는 것이었다. 그래서 이 10주를 '습관이 만들어질 수 있는 기간'이라고 부르는 것이다.

10주 정도의 꾸준한 노력이 있다면 벌써 습관으로 자리를 잡았을 수도 있고, 아직 습관으로 자리를 잡지 못했더라도 빠른 시일 안에 습관이 될 것이다.

노력을 중단하는 것보다 더 위험한 것은 없다.

그것은 습관을 잃는다.

습관은 버리기는 쉽지만, 다시 들이기는 어렵다.

- 빅토르 마리 위고 (Victor Marie Hugo) -

Chapter 7.
창의적인 직관이 도출된다

Intuition

Artic Ocean

Ocean

N

W E

S

Atlantic Ocean

❶
직관은 무엇인가?

 '직관'이란 보자마자 내 안에서 바로 가르쳐 주는 것이다. 우리가 보는 것에 대해서 내 안의 무의식 속 자아가 감각, 경험, 분석 따위의 사고 작용 없이 바로 알려주는 것이 직관이다.

 나는 어머니에게 핸드백을 사드리기 위해 백화점에 갔다. 매장에 들어서자마자 핸드백 하나가 눈에 띄었다. 같은 디자인의 핸드백이 다양한 색상으로 여러 개 진열되어 있었지만 딱 그 핸드백만이 내 눈에 들어왔다. 그 핸드백을 보는 순간 '저것 괜찮은데.'하는 느낌이 들었다. 하지만 아무 말 없이 핸드백을 살펴보는 아내와 어머니 뒤를 졸졸 쫓아다녔다. 백화점 전부를 돌아보고도 마음에 드는 물건을 못 찾은 어머니에게 아까 내 마음에 들었던 핸드백을 "한 번 보시겠어요?"라고 권해 보았다. 어머니는 디자인, 색상, 무게, 재질을 살펴보시더니 "아까는 왜 못 봤을까?"라면서 매우 마음에 들어 하셨다.

나는 이 핸드백의 재질을 확인한 바 없었다. 무게가 적당한지 확인하기 위해 들어본 적도 없었다. 어머니가 좋아하는 스타일의 핸드백인지, 어머니에게 맞는 색깔인지 따져보지도 않았다. 아무런 이유 없이 보자마자 '저것 괜찮은데.'라는 긍정의 감정이 들었고 이를 느꼈을 뿐이었다.

이처럼 직관이란 것은 핸드백이 좋아 보이는 합리적인 이유나 논거가 없다. 오로지 막연하게 감정의 방식으로 알려줄 뿐이다. 부정적 감정이 느껴지거나 긍정적 감정이 느껴지는 방식으로 좋은지, 나쁜지를 구별하게 한다.

직관이 나에게 알려주는 감정을 '직관이 감정을 통해 나에게 보내는 신호, 즉 직감'이라고 부른다.

> 직관이란 단어는 한문으로는 '直觀'이라고 표시한다. '直'이라는 것은 '바로'는 뜻이고, '觀'은 '본다'는 뜻이다. 그래서 직관의 한문적인 풀이는 '보자마자 바로'라는 것을 말한다. 직관이란 단어는 영어로는 'Intuition'이라고 표시한다. 'In'은 '안쪽'이라는 뜻이고, 'tuition'은 개인을 대상으로 한 '교습'을 말한다. 그래서 영어적인 풀이는 '안에서 나에게 가르쳐 주는 것'을 말한다. 최종적으로 한문과 영어의 의미를 종합하면 직관이란 '보자마자 내 안에서 바로 가르쳐 주는 것'이란 뜻이 된다.

내가 하고 싶은 말은 기꺼이 직관이 우리를 안내하도록 해야 하고, 그 안내를 즉각 과감하게 따라야 한다는 것이다.

- 샥티 거웨인 (Shakti Gawain) -

② 통찰은 무엇인가?

'통찰'이란 '능란하게 안에까지 살펴서 보는 것'을 말한다. 능수능란한 사람이 감각, 경험, 분석, 판단, 추리 따위의 사고 작용을 이용해서 대상을 안쪽 구석까지 샅샅이 살펴보는 것을 말한다.

어머니에게 아까 내 마음에 들었던 핸드백을 한 번 보시겠냐고 권해 드렸더니, 어머니는 먼저 디자인과 색상이 자신에게 어울리는지, 핸드백의 무게가 자신에게 적당한지 확인하셨다. 마지막으로 소재와 안감 재질 그리고 내부 수납공간의 실용성까지 꼼꼼히 살펴보셨다. 그리고 나서야 매우 흡족해하셨다. 내가 권해드린 핸드백이 어머니의 마음에 든 이유는 어머니의 감각, 경험, 분석, 판단, 추리 따위의 사고 작용을 통해서 제품을 구석구석 살피시고 내리신 판단 때문이었다. 내가 핸드백을 마음에 들어 한 것은 이러한 사고 작용이 없는 직관 때문인데 반해서 어머니는 합리적인 이유나 논거를 통한 통찰을 통해서 핸드백을 마음에 들어 하신 것이다.

이처럼 직관과 통찰은 전혀 다른 의미를 가진다. 그러나 일반적으로 직관과 통찰을 같은 의미처럼 혼용해서 사용하고 있다. 심지어 아인슈타인도 직관과 통찰을 구분하지 못했다.

사람들은 왜 직관과 통찰을 구분하지 못하는 것일까?

직관과 통찰의 쓰임새가 같다는 것이 가장 큰 이유이다. 핸드백이 마음에 드는 이유를 나는 단순히 감정을 통해서 찾았고, 어머니는 합리적인 이유나 논거를 통해서 찾았다. 나는 직관을 사용했고, 어머니는 통찰을 사용했지만 이 둘은 결국 마음에 드는 핸드백을 찾는 용도로 쓰였다. 이것 때문에 둘을 같다고 생각하게 된다.

그다음으로는 직관과 통찰이 같은 태생이라는 점이다. 직관과 통찰은 우리 뇌의 세타θ파가 활성화 되었을 때 나온다. 같은 태생이다 보니 같을 것이라는 막연한 느낌이 들 수밖에 없다.

결론적으로 직관은 무의식 속 자아가 감정의 형태로 우리에게 알려주는 것이고, 통찰은 의식 속 자신이 감각, 경험, 분석, 판단 등의 사고 작용을 통해서 대상을 판단하는 것이다. 이처럼 이 둘은 판단의 주체와 판단의 수단이 전혀 다른 것이다.

> 통찰이란 단어는 한문으로는 '洞察'이라고 표시한다. '洞'이라는 것은 '사물의 이치나 지식, 기술 따위를 훤히 알거나 아주 능란하다.'는 뜻이고, '察'은 '살핀다'는 뜻이다. 그래서 통찰의 한문적인 풀이는 '사물의 이치나 지식, 기술 따위를 훤히 알거나 아주 능란한 사람이 살피는 것'을 말한다. 통찰이란 단어는 영어로는 'Insight'라고 표시한다. 'In'은 안이라는 뜻이고, 'sight'는 본다는 뜻이다. 그래서 영어적인 풀이는 '안까지 들여다보는 것'을 말한다. 최종적으로 한문과 영어의 의미를 종합하면 통찰이란 '능란하게 안에까지 살펴서 보는 것'이라는 뜻이 된다.

통찰은 몇 가지 단서만으로는 얻어지지 않는다.
통찰은 필요한 모든 정보를 유기적으로 결합하여 얻어내는 명료한 조감도이다.

- 폴 갬블(Paul R. Gamble) -

③
사업에 성공한 사람이 망하는 이유는?

직관만이 있던 시절

성공한 사람들은 새로운 도전에 흥분하고, 새로운 도전에 자신의 역량을 열정적으로 쏟아붓는다. 그리고는 자신이 원하는 결실을 만들어낸다.

W 씨는 퇴임을 5년 앞둔 시점에서 사직서를 내고 사업에 대한 도전을 시작했다. 그가 하고 싶은 사업은 선박을 대여하여 물류를 수송하는 일이었다. 하지만 선박을 구매할 돈이 없었던 W 씨는 수소문 끝에 대형선박을 가지고 있는 A 대표를 알게 되었다.

A 대표에게 한 번만 만나 달라고 부탁을 했지만 번번이 거절당했다. '어떻게 해야 A 대표를 만날 수 있을까?'하고 고민을 하던 그는 집 앞에서 무작정 기다리기로 했다. 영하 10도의 추운 겨울 새벽 5시까지 기다린 끝에 지방 출장에서 돌아온 A 대표를 만날 수 있었다.

A 대표는 이런 어이없는 행동을 하는 W 씨를 집안으로 불러 말없이 따뜻한 차 한 잔을 대접했다. 그리고 다음 날 W 씨를 회사로 불러서 선박 대여 계약을 체결했다.

W 씨가 선박을 빌릴 수 있었던 것은 100% 그의 직감 때문이다. 대표 집 앞에서 무작정 그것도 새벽 5시까지 기다린다는 것은 합리적이지도 논리적이지도 못한 무모한 행동일 뿐이다. 사업을 시작한 지 얼마 되지 않은 W 씨에게 사업에 대한 합리적 사고가 있을 턱이 없었다. 그는 오로지 자신의 직감만을 믿고 행동을 한 것이다.

W 씨가 선박을 빌리고 난 후 몇 달이 지나지 않아서 IMF가 터졌다. 갑자기 중고자동차들이 시장에 쏟아져 나왔다. 이렇

게 나온 차들은 중동이나 동남아로 엄청나게 수출이 되었는데 이를 운반할 선박이 부족할 정도였다. 다른 곳은 선박을 구하기 위해 발을 동동 굴렀지만 W 씨에게는 A 대표로부터 빌린 선박이 있었다. 남들보다 더 빠르고 좋은 가격으로 정말 많은 차를 해외에 수출했고, 이런 호재 덕분에 W 씨는 현금만 100억 이상을 가진 성공한 사람이 되었다.

통찰이 직감을 누르기 시작한다

앞으로도 계속 승승장구할 것만 같았던 W 씨는 심각한 적자에 허덕이다 현재는 모든 사업을 접었다. 이 이야기는 W 씨만의 이야기가 아니다. 우리 주위를 돌아보면 사업으로 한때 잘 나갔지만 지금은 과거를 회상하며 한탄하고 지내는 사람들을 심심찮게 볼 수 있다.

왜 이렇게 사업에 성공한 사람들이 망하는 것일까?

역시나 직감이 뛰어난 W 씨는 IMF가 끝나갈 무렵 선박 물류 사업의 쇠퇴기가 올 것을 느끼고 사업을 정리했다. 그리고 새로운 사업을 시작했다.

 W 씨는 그동안 사업에서 쌓은 자신의 경험과 성공한 자신감을 바탕으로 사업에 대한 자신의 식견을 의심 없이 믿기 시작했다. W 씨가 말하길 "이때는 무슨 사업을 해도 나의 경험과 판단에 따르면 무조건 성공할 수밖에 없다는 확신에 차 있었어요." W 씨는 이때부터 자신의 직감보다는 통찰을 믿기 시작한 것이다.

 이런 자신감에 차 있던 W 씨는 주위의 만류에도 불구하고 큰 욕심을 내기 시작했다. 거의 모든 자산을 투자하는 대규모 사업을 시작했다. 불안한 느낌이 들 때마다 '지금껏 내가 노력해서 안 되는 사업이 있었나? 내가 하나서부터 열정적으로 챙기면 반드시 성공할 거야.'라면서 성공할 수밖에 없는 나름의 합리적인 이유를 만들었다.

 욕심과 두려움으로 직감은 무뎌 있었고, 직감을 철저히 배제한 통찰만으로 사업을 운영하던 W 씨의 사업은 결국 큰 적자가 발생했다. 적자가 해마다 커지면서 결국은 엄청난 손해를 보게 되었고 결국에는 사업을 접어야 했다.

통찰을 믿으면 안 되는 이유는 무엇인가?

직관은 무의식 속 감정이 끌어당긴 상황에 대한 정확한 답을 주지만, 통찰은 나의 의식을 통해 내가 원하는 방향으로 임의로 해석을 할 수 있다. 합리화시킬 수 있는 어떤 것이라도 있다면 틀린 답이라 할지라도 정답처럼 보이게 해석을 해버린다. 그러기에 통찰을 너무 믿어서는 안 된다.

사업으로 한때 잘 나갔지만 지금은 과거를 회상하며 한탄하고 지내는 사람들의 사업실패는 대부분 이에 근거한다. 사업에 성공했다는 이유로 자신의 통찰을 너무 신뢰한 것이다.

그럼 통찰을 멀리하고 무뎌진 직감을 되살릴 수는 없는 것일까?

성공한 사람들은 이를 극복하기 위해 기부를 한다.

기부는 첫째 자신을 겸손하게 만든다. 기부에는 '나의 성공은 여러분들 덕분입니다.'라는 의미가 있다. 겸손을 통해서 자신의 성공을 타인에게 돌림으로써 자신에 대한 무조건적인 신뢰를 줄일 수 있다. 즉 통찰에 대한 의존을 줄일 수 있다. 추가적으로는 기부를 통해서 부의 양극화를 해소할 수 있고 구성원 간의 유기적 연관 관계를 다시금 확인하면서 상호 간의 연대 의식을 고취할 수 있다.

또한 기부는 마음에 욕심을 통제하게 만든다. 기부에는 '나는 욕심을 버리고 있어요.'라는 의미도 있다. 욕심을 통제할 수 있게 되면 직감을 정확하게 느낄 수 있고 이를 통해 계속적 성공을 누릴 수도 있다.

위기는 내가 제일이라고 생각할 때 찾아온다.

발전이 없는 현재는 자만심에 찬 퇴보이기 때문이다.

- 이건희 (李健熙) -

4

직관과 통찰을 구별하는 방법은?

직관과 통찰을 구분할 수 있는 이론적 방법을 알아두어야 한다.

직관은 합리적인 이유나 논거가 없이 오로지 감정의 방식으로 알려준다. 이러한 감정은 무의식 속 감정에 근거를 두기 때문에 무엇보다도 빠르게 반응한다. 그래서 우리가 제일 먼저 느끼는 감정은 직관에 근거를 둔 직감이 될 수밖에 없다.

통찰은 여러 가지 정보를 가지고 사고 작용을 통해서 나오는 것이기 때문에 의식적 사고가 필요하다. 그래서 무의식 속 감정에 비해서 느릴 수밖에 없다. 그런데 이러한 사고 작용 또한 우리의 감정으로 나타난다. 이런 이유로 나중에 느껴지는 감정은 통찰에 근거를 둔 것이 될 수밖에 없다.

직감에 따른 선택을 한 사람은 순수하게 느낌만으로 선택을 하므로 선택한 이유를 명쾌하게 설명하지 못한다. 하지만 통찰에 따른 선택을 한 사람은 판단을 통해 선택을 하므로 합리적으로 보이는 나름의 이유를 충분히 설명할 수 있다. 통찰력이 있다고 생각하는 사람일수록 합리적인 설명을 하지 못하는 직감을 무시하는 것은 이러한 논리에 근거를 둔다.

직감에 따르는 사람은 중요한 선택을 해야 할 때 "나중에 하자."고 한다. 사고 작용이 활발한 상황에서는 직감의 전달이 정확하지 않음으로 사고가 활성화되지 않는 나중에 결정하려고 하기 때문이다. 반대로 통찰력이 있는 사람은 중요한 선택을 해야 할 때 "잠시 생각할 시간을 달라."고 한다. 통찰할 시간이 필요한 것이다.

식당을 운영하는 A 씨는 가게를 내놓았다. 가게를 내놓자마자 바로 옆에 교회신축공사가 시작되었다. 공사 규모를 보니 대형 교회가 들어서는 것이 분명했다. 공사가 완공되면 장사 매출이 많이 오를 것 같다는 기대감이 생기기 시작했다. 그러던 차에 가게를 인수하겠다는 사람이 나타난 것이다.

A 씨는 지금 팔아야 할지, 나중에 팔아야 할지를 고민하기 시작했다. 몇 날 며칠 고민 끝에 결론을 내지 못하고 나에게 도움을 청했다. 나는 A 씨에게 몇 가지 질문을 했다.

"식당을 구매할 사람이 나타났다는 말을 들었을 때 기분이 어땠나요?"
"솔직히 홀가분한 느낌이 들었어요."
그래서 다시 물었다.
"왜 그런 생각이 들었다고 생각하죠?"
"글쎄요. 이 한정된 공간에서 벗어나고 싶었나 봐요. 힘들었던 것 같아요."
"그런데 왜 파는 것을 고민하시죠?"
"바로 옆에 교회가 생기거든요. 그 교회가 제법 커요. 교회에 신도가 오가면 저희 가게에 매출이 지금보다 늘어날 텐데 지금이 가격은 좀 싸다는 생각도 드네요."

A 씨가 처음 가졌던 감정, 정확한 이유가 없는 '홀가분한 심정'이 직감이다. A 씨는 식당을 파는 것에 대해서 긍정적 직감을 느꼈던 것이다. 이 감정 뒤에 나온 '주저하는 마음'이 통찰이다. 이 감정에 대해서 A 씨의 설명은 너무도 명쾌하고 논리적이었다. 나는 A 씨에게 자신의 직감에 따른 결정을 해야 한다고 권해드렸다. 그러자 A 씨는 마음을 굳게 먹고 그 자리에서 식당을 인수하겠다는 사람에게 식당을 넘기겠다는 전화를 했다. 그리고 더 이상의 고민은 하지 않았다.

가게를 판 지 정확하게 두 달 후에 A 씨를 만나게 되었다. "들어서기로 한 교회는 대금 부족으로 공사를 중단한 상태에요. 그때 당시 선생님 조언이 없었더라면 저는 아마도 욕심을 내서 가게를 넘기지 않았을 겁니다. 코로나까지 터진 상황에서 가게를 팔지 않고 지금까지 운영하고 있다고 생각하면 정말이지 아찔합니다. 선생님 정말 감사합니다."

지식이 직관을 누르지 않도록 해야 한다.

지식이 많이 쌓인 분야일수록 새로운 직관을 파악하는 것이 무척이나 힘들다.

- 알버트 아인슈타인 (Albert Einstein) -

5

직관은 항상 옳은 것인가?

성공한 사람의 직관은 항상 옳다

스티브 잡스는 "다른 사람들의 잡다한 의견이 내는 소음에 내면의 목소리가 익사 당하지 않도록 주의하십시오. 그리고 가장 중요한 것은 당신의 가슴과 직관이 하는 말을 따를 수 있는 용기를 갖는 것입니다. 이미 마음과 직관은 여러분이 무엇을 원하는지 알고 있습니다. 그 이외의 나머지는 모두 부차적입니다."라고 말했다.

스티브 잡스는 직관이 하는 말을 우리가 따라야 한다고 이야기하고 있다.

에디슨도 "천재는 1%의 영감과 99%의 노력으로 이루어진다."는 말을 했다. 에디슨은 오로지 1%의 영감 즉 직감이 있었기에 천재가 되었다고 말하고 있다. 아인슈타인도 "가장 유일하게 가치 있는 것은 직관이다."고 하면서 직관을 강조하고 있다.

이처럼 성공한 사람들은 직관을 칭송하고 이를 믿어야 한다고 말한다.

중요한 결정은 전문가나 책이 아니라 내 직감을 믿는다.

- 링컨 (Abraham Lincoln) -

나는 이 점에 대해서 확고하게 말할 수 있다.

"절대 이 말을 믿어서도 안 되고 따라 해서도 안 된다. 이 말은 당신의 인생을 한순간에 나락으로 떨어뜨릴 수 있는 잘못된 말이다."

처음에는 나도 성공한 사람들의 말을 그대로 믿었다. 그 말대로 직감을 믿고 결정을 내렸다. 그렇게 내린 결정이 여러 번 잘못되면서 나중에는 그런 선택을 한 나 자신을 믿지 못하게 되었다. 내가 내린 결정이 잘못된 이유는 직관이 잘못된 답을 알려주었기 때문이 아니었다. 나 자신의 무의식 속 감정이 잘못된 결정을 내리도록 설정되어 있었기 때문이었다.

E 씨의 별명은 '마이너스의 손'이다. '미다스의 손Midas touch'이 아니라 '마이너스 손'이다. 그가 이런 별명을 가지게 된 데에는 과거의 이력이 있었기 때문이다. 옛날부터 E 씨가 하지 말자고 반대했던 일들은 엄청난 이익이 생겼고, E 씨가 하자고 적극적으로 추진했던 일은 하는 족족히 손해를 봤다. 그래서 가족들은 E 씨가 반대할수록 더욱 적극적으로 일을 추진했고, E 씨

가 찬성하는 일은 미련 없이 포기했다.

　E 씨는 어떤 일을 할 때 '이건 아닌 것 같다.'는 느낌이 들면 반대를 했고, '이건 괜찮을 것 같다.'는 느낌이 들면 찬성을 했다. E 씨는 자신의 직관에 충실한 결정을 내린 사람이었다.

　그런데 E 씨의 선택은 왜 항상 문제가 된 것일까?
　평소 E 씨는 "누구를 보니 돈 때문에 자식들이 서로 다투더라. 돈이 많다고 좋은 것이 아니다. 돈은 필요한 만큼만 있으면 된다."라는 말을 하고 다녔다. E 씨의 많은 돈에 대한 무의식 속 감정은 매우 부정적으로 설정되어 있었다.

　E 씨의 직관은 돈이 많이 생길 것 같은 일에 대해서는 부정의 감정으로 반대를 한 것이고, 손해를 볼 것 같은 일에는 긍정의 감정으로 찬성을 한 것이다. 이처럼 직관은 E 씨에게 한 번도 틀린 답을 알려준 적이 없었다.

　성공한 사람들이 자신의 직관을 믿어야 한다고 예찬하는 이유는 그들의 무의식 속 감정은 성공에 대해 긍정적 감정으로 설정되어 있기 때문이다.

이래도 자신의 직관을 무조건 믿을 것인가?

그래도 우리는 자신의 직관을 믿어야 한다. 다만 직관을 믿기 전에 우리의 무의식 속 감정이 제대로 설정되어 있는지를 반드시 확인해야 한다. 이를 확인하기 전까지는 우리의 직관을 무조건 믿어서는 안 된다.

자신의 마음을 들여다볼 수 있어야 시야가 맑아질 것이다.
자신의 외면만 보는 사람은 꿈을 꾸는 사람이고 자신의 내면을
보는 사람은 깨어 있는 사람이다.

- 칼 구스타프 융 (Carl Gustav Jung) -

마음 수행의 직관은 항상 옳다

우리가 성장하면서 부모님으로부터 영향을 전혀 받지 아니한 순수한 영역이 있다. 우리가 어렸을 때 보지 못하고, 경험하지 못해서 새롭게 형성되지 않은 부분으로 마음 수행Mind performance이 있다.

부모님이 종교인이 아닌 이상 마음 수행이라는 부분을 일상적인 삶에서 볼 수는 없을 것이다. 그래서 이 부분은 태어났을 때의 순수한 모습 그대로를 간직하고 있게 된다.

이렇게 때 묻지 않은 마음 수행의 부분에서만큼은 우리는 완벽한 존재이다. 이런 완벽한 존재가 주는 직감은 믿어도 되는 것이다. 그렇기 때문에 마음 수행을 하시는 분들도 직관은 항상 옳은 것이고 이러한 직관을 믿으라고 하는 것이다.

네 운명은 네 손안에 있다.

- 성철 스님 (性徹) -

나의 멘토의 가르침

남들은 그냥 넘어가는 가벼운 실수라도 내가 하게 되면 항상 지적을 받았고 꾸지람도 나야 했다. 매사에 항상 이렇다 보니 속상하기도 하고 어떨 때는 억울하기까지도 했다.

왜 이런 일들이 일어나는지 알 수 없는 나는 답답한 마음에 멘토Mentor에게 그 이유를 물어보았다. "같은 실수를 하더라도 남과 달리 왜 제 실수는 눈에 띨까요? 저만 항상 혼나고 지적을 받습니다. 왜 저에게만 이런 일이 생길까요?"

나의 멘토Mentor는 빙긋 웃으면서 천천히 질문하셨다.
"파리가 검은 벽지에 똥을 싸면 잘 보이나요?"
"안 보입니다."

"파리가 하얀 벽지에 똥을 싸면 잘 보이나요?"
"아마, 잘 보일 겁니다."

"하얀색일수록 더 잘 보일 거예요. 묘엽씨의 작은 실수는 파리의 똥과 같은 것이고, 하얀 벽지는 묘엽씨입니다. 하얀 벽지에 묻은 똥이 문제이지 벽지 때문에 보이는 똥을 지적하는 사람이 문제는 아닌 것 같은데요? 아직도 억울하고 답답한가요?"

멘토께서

현명한 사람은 모든 것을

자신의 내부에서 찾고,

어리석은 사람은 모든 것을

타인들 속에서 찾는다.

멘토

초판 2쇄 인쇄 2020년 12월 04일
초판 2쇄 발행 2020년 12월 10일

지은이 김묘엽

펴낸이 윤혜영
마케팅 구낙회
디자인 진 연
편 집 박현지

펴낸곳 로앤오더
주 소 (우)04778 서울시 성동구 왕십리로 8길 21-1
전 화 02-6332-1103 | **팩 스** 02-6332-1104
메 일 lawnorder21@naver.com
블로그 blog.naver.com/lawnorder21
포스트 post.naver.com/lawnorder21
인스타 @damabook/@dalflowers
카 페 cafe.naver.com/dreamone21

ISBN 979-11-6267-124-5

담하는 로앤오더의 출판브랜드입니다.

파본은 본사와 구입하신 서점에서 교환해드립니다.
이 책은 저작권법에 따라 보호받는 저작물이므로 무단복제를 금지하며
이 책 내용의 전부 또는 일부를 이용하려면 반드시 저작권자 로앤오더의
서면 동의를 받아야 합니다.

ⓒ이 책에 사용된 서체는 KBIZ 한마음명조, KBIZ 한마음고딕, 바른
돋움, Mapo꽃섬, 본명조, KoPubWorld돋움체, Roboto, DM Serif
Display, EB Garamond, 김제시체 총 10종을 사용하였습니다.

이 도서의 국립중앙도서관 출판예정도서목록(CPI)은 서지정보유통지
원시스템 홈페이지(http://seoji.nl.go.kr)와 국가자료종합목록시스템
(http://www.nl.go.kr/kolisnet)에서 이용하실 수 있습니다.
(CPI제어번호 : 2020044683)